教師のいらない授業のつくり方

若松俊介著

明治図書

はじめに

はじめまして。京都教育大学附属桃山小学校で先生をしている若松俊介と申します。今回、「教師のいらない授業」について、自分が考えていることを書かせていただくことになりました。とても貴重な機会をいただき、有り難く思っています。

きっとこの本をお読みになる方は、子どもに関わる仕事や生活を送っておられる方が多いと思います。

・もっと子どもたちの成長に関われるようになりたい
・どうすれば、子どもたちがいきいきと学習することができるのだろう
・より良い教育の在り方について考えたい

…と、目の前の子どもたちの成長を心から願い、日々試行錯誤しておられることでしょう。

私も同じです。「子どもたちの成長のために、私ができることは何だろうか」と、日々

試行錯誤しています。その中で、現在の私が追究しているテーマは、

「どうすれば、子どもたち一人ひとりが生きる授業ができるのだろう」

といったものです。約十年間、ずっと考え続けている究極の「問い」です。自分の生活経験、所属している研究会や学校で他の先生方から学んだこと、目の前の子どもたちの姿などをきっかけにして、こうしたことが気になるようになりました。

追究し始めて二年目、大阪府の公立小学校で二年生の担任を受け持っていた時の授業のことは今でも忘れられません。国語で説明文「たんぽぽのちえ」（植村利夫著、光村図書二年上）の学習をしていた際に、ある子がいきなり、

「どの段落にも『たんぽぽのちえ』に関係することが書かれているのに、第一段落だけ『ちえ』が書かれていないのはどうしてなんだろう」

と自分が気になっていることを話し始めました。予想外の意見だったので、私も、あまり

考えられず、

「本当だなぁ、どういうことなんだろう」

と返すと、そこから子どもたちがどんどん自分たちの考えを出していきました。

私のことなど本当に気にせず、互いに考えを聴き合いながら第一段落の秘密を探ろうとしていました。お互いの「問い」が響き合いながら、「段落同士の関係」について考えたり、「各段落の役割」ついて整理したりしていました。子どもたち一人ひとりが本当に生き生きした顔つきで学び合っていたことを今でも鮮明に覚えています。

この授業をきっかけに、私は子どもたちのすごさに改めて気づかされました。これまでは、「私がコーディネートしないと深く学ぶことなんて難しいだろう」と考え、授業中に私がどのように立ち回るかばかりを考えていました。しかし、子どもたちだけの力で十分本質に迫っていけることに驚かされました。

「子どもたちはすごい」というのは当たり前のことなのですが、そのことを本当に実感できたおかげで、「子どもたち一人ひとりが中心となる授業づくりについて考えよう」と、これまで以上に思えるようになりました。子どもたち一人ひとりの感性や好奇心を大切にした上で、「個」の学びを受け止めて促進する授業づくりについて、現在もなお模索し続けています。

世の中では、「今から何十年後の仕事は…」「ＡＩに負けない…」とよく言われます。そのために教育も変化しなければならないのは間違いありません。ただ、そのためではなく、本当に子どもたちが持っているものを大事にした教育を考えていくことが、結果的に将来にもつながるというものでありたいなと思います。

子どもたちの成長を支える手立てに、「絶対これでうまくいく…」「失敗しない…」というものはありません。本書にはそういったことは書かれていません。現在、私が子どもたちと共に大切にしていることを書いています。中には、「いや、これは…」「ここはこうした方が…」というのもあるでしょう。そういった思いも大切にしながら読み進めていただければと思います。

そして、本当に子どもたちのために大切なことを、読者の皆様と共に見つけていければ有り難いなと思います。どうぞよろしくお願い致します。

二〇二〇年五月

若松　俊介

Contents

Contents

第2章 「教師のいらない授業」のつくり方

ステップ1

ステップ2

Contents

ステップ3

Contents

第1章

「教師のいらない授業」づくりの考え方

1

教師のいらない授業とは？

教師を必要とする場面とは

「教師のいらない授業」というタイトルをお読みになって、「そんなことあり得ないじゃないか」「『教師がいらない』なんて言い過ぎだ」と思われた先生も多いでしょう。おっしゃる通りです。決して、「教師なんて不必要である」ということではありません。また、はじめから子どもたちだけで全てのことがうまくいくのであれば、この世から「教師」という職業は無くなってしまいます。

ただ、私たちが一般的にイメージしている「教師」の姿は、今の時代も本当に必要な姿なのでしょうか。「教師とはこうあるべきだ」というものが、昔からずっと何の疑いもなく引き継がれていないでしょうか。

実際、子どもたちが学習を進める上で、「教師」を必要とする場面はどれだけあるでしょう。

（例）
・次に学習する内容を伝える
・学習のめあてを決める
・より学びが深くなるための発問をする
・話し合っていることを黒板（ホワイトボード）に整理する
・学習してきたことをまとめる

果たして、どれも本当に教師が必要なことなのでしょうか。改めて考えてみると「あれ、これはいらないのではないか」というものが見つかってきませんか。

明治時代（１８７２年）に学制が発布され、近代的な学校制度が始まりました。そこから約１５０年が経とうとしています。時代の変化と共に産業や文化が発展し、私たちの生活も大きく変化したにもかかわらず、現在でも教室の姿はほとんど変わりません。

これまでずっと、「先生が教える。子どもはそれを聴いて学ぶ」というスタイルが一般的でした。読者の皆さんが小学校にいた時もこのように学習することが多かったかもしれません。自分が受けた教育が基本となるため、それ以外の教育の在り方について想像したり考えたりすることは簡単ではないでしょう。

決して、こうした教育を全て否定している訳ではありません。ただ、これからさらに時代が急激に変化していくと言われている中で、「本当に教師に必要な役割とは」「これからの時代を生きる子どもたちにつけるべき力とは」といったことを問うことで、より良い教育の在り方を考えていくことができます。「教師のいらない授業」もその一つの在り方です。

教師が必要なことを自分たちでできるように

教師が必要だとされていることを、子どもたちが自分たちでできるようになれば素敵だと思いませんか。そうなると、子どもたちの学習のサイクルはどんどん早く回っていきます。なぜなら、子どもたちが考えたり学んだりしている時間が多くなるからです。「教師がいないと成り立たない」状態だと、教師がいない時間には何もできません。しかし、自分たちでできることが増えていくと、教師がいなくてもずっと学び続けていくことができます。魅力的な授業をしてくれる先生を求めることもなくなります。

私がこういったことを考えるようになったのは、今から数年前、私の学級で過ごした後の子どもたちの様子を見てからです。私の学級にいた時には、やる気があって楽しく学んでいた子が、次の学年に上がった時に「○○先生の授業面白くないわ」「若松先生がよかったな」と伝えに来てくれるようになったのです。最初は、「○○先生、何をやっているのだろう。もっと子どものことを考えた授業をしないと」と思っていました。しかし、子どもたちの幸せを本当に考えた時に、「このままではいけないな」と、考えを切りかえるようになりました。

もちろん、楽しく学べる授業を考えることは大事なことですが、子どもたちが教師に依存してしまう状況になってしまっては意味がありません。教師がいないと学習が成り立たないようでは、その子の将来のことを本当に考えているとは言えないなと思いました。また、私が担任でなくても学び続けられる子になってほしいなと願うようにもなりました。

先生をこえる子どもたち

次ページの写真を見てください。全国から参会者が来られる研究発表会での授業の様子です。こうした研究発表会では、参会者の方は教師の動きに注目することが多いです。もちろん、子どもの学びの変化を見ることの方が大切なのですが、どうしても「教師が何をするか」「教師がどう切り返すか」「教師がどんな発問をするか」に注目が集まりがちです。このような場で、私は教室の一番後ろの席で座って子どもたちが学び合う様子を見守っていました。

子どもたちの席に座っていても、きちんと学習が行われる。また、本時で大事にしなければならないことに気づいていけると信じていたからです。信じるためには、日頃からの積み重ねが必要になります。

だから、別に先生はずっと何もしていないわけではありません。ただ、授業中には目立たないだけです。授業中には、先生ではなく、子どもたちが目立つのが一番です。

この授業を参観してくださっていたフューチャーインスティテュート株式会社の為田裕行さんがこんな風に記事にしてくださっています。

下の写真で、教室のいちばんうしろに座って、全体を見守っているのが、担任の若

松俊介先生です。じっと教室全体を見て、議論の進行は、司会をしているグループの子たちに任せていました。議論の途中で、若松先生が2つの案を比較して、「どっちがいいと思う？」と訊くと、司会をしていた児童たちが「それ、ずっと訊きたくて我慢してたのに！」と怒る場面がありました。若松先生がしたいと思っていた発問を、議論をリードする子どもたちも同じように持っていて、しかもそのタイミングを図っていた、というのは、担任の先生として心強いだろうな、と思いました。

四年前のことが今のように思い出されます。「子どもたちに任せる」、「先生は何もしない」と言っても、場の設定を工夫するのはもちろんのこと、「ここぞ」という場面ではさっと出ようと思っていました。子どもたちの議論を邪魔することなく、子どもたちが自然とさらに考えを深められるきっかけをつくろうとしていました。

しかし、司会していた子どもたちも同じことを考えていたようです。しかも、もっと良いタイミングを見計らっていたようで、私よりも「我慢していた」のです。こうしたことまでも、子どもたちにできるようになるのだということに驚かされました。この授業をきっかけに、さらに「子どもたちだけで」進む授業づくりについて考えるようになりました。

2

教師が頑張りすぎる授業

頑張りすぎる教師は大変

　私は、ずっと「授業中に頑張りすぎる先生」でした。子どもたちが楽しんで面白く授業を受けられるために必要なこととは何かをずっと追究していました。なぜなら、先生が授業中に頑張らないで、どこで頑張ればいいのかが分からなかったからです。これまで自分が受けてきた授業や、教育実習で行った授業をもとに、

「どうすればより子どもたちが学べるか」
「どんな発問をすれば子どもたちがさらに考えたくなるか」
「この教材で学ばなければならないことは何か」
「導入でどんなことをすれば子どもたちが乗ってくるか」

…といったことをひたすら考えていました。

初任の頃なんて、授業でうまくいかないことが不安になりすぎて、「どこで何を言うか」をパソコンで書き出して、印刷して授業中に持っていたぐらいです。そんなことをしていると、どんどん睡眠時間が削られていきます。

それでも授業がうまくいかないと、先輩の先生に「どうすれば良いか」をたずねたり、教育書を読みあさったりしました。「こうすればうまくいく」「絶対成功」「子どもが動く」といった系統の本が好きでした。ただ単に、それらをマネして「おぉ、すごくいい反応だった」「子どもが動くなぁ」と感心しながら自分の技にしていこうとしていました。「何か良さそうなもの」を自分の信念もなく取り入れようとしており、うまくいかなければ、また次のものをずっと探し求めていました。授業は毎日行われるので、どんどん追い込まれていきました。

「どうやってうまく子どもを動かすか」「どうすれば自分が困らずに授業できるか」と、気づいたら授業での中心が〝子ども〟ではなく〝私〟になっていました。「子どもたち一人ひとりの学びが大事だ」と思いながらも、心のどこかで自分のことの方がかわいかったのでしょう。

だって、子どもたちの前に立っているのに、子どもたちがつまらなさそうにしていたらやはり耐えられません。自分をどんどん責めてしまいます。それを回避したくなる気持ちから、授業中にはとにかく「先生が頑張る」ことになっていきました。

子どもが見えていない自分

教材研究を丁寧に行うのは今も変わりません。質の高い発問こそが子どもたちの思考を揺さぶり、より深い学びへとつなげていくことができるのは間違いありません。そのために、より質の高い発問を探し求めて教材研究をしたり、実際に子どもたちに発問したりすること自体がダメなのではありません。

私が「これは問題だ」と自分自身で感じたのは、授業中に問いを出す主役が私になってしまっていたことです。教材研究をすればするほど目指すゴールが固定されてしまい、頭の中で「子どもたちをどのようにゴールへ導くか」ということばかりを考えてしまっていました。

校内での研究授業でも、自分の教師としての立ち居振る舞いを悪く思われたくないという思いでいっぱいになっていました。失敗を恐れると同時に、自己承認欲求も高く、「今回の板書はよかったでしょ？」「あそこでの切り返し発問は鋭かったでしょ？」と心の中で思っていました。自分の見られ方ばかりを気にして、子どもたち一人ひとりのことが全然見えていません。

また、子どもたちの意見をつないで授業をつくっているようで、自分にとって都合の良いものばかりを抽出していました。見た目は、子どもたちがよく考えた授業のようになっていても、本当に子どもたち一人ひとりが学んでいたかと問われると…といった感じのものになってしまっていました。

教師が頑張りすぎると、ついつい頑張っている自分を見てほしくなってしまいます。また、そんな自分を低く評価されることを拒む気持ちから、どんどん子どもたちのことを無視した見せかけの授業がつくられるようになってしまいます。

頑張るところを間違えてしまうと子どもが育たない

路頭に迷って「面白い話し方」を追い求めていた時もありました。同じ学年を組んでいた先生の話がとても面白く、いつも子どもたちが目を輝かせて楽しそうに話を聴いていたからです。もちろん、その先生の授業が面白かったのは、話し方だけが関係しているのではなかったのでしょうが、私には、「面白く話す」ということが自分に足りないものだと強く心に残りました。

そこで、世の中で流行っている芸人の話し方を真似したり、『ウケる技術』という本を読んで試したり…と、試行錯誤する毎日でした。しかし、結局私は面白い話し方を習得することはできませんでした。ただ、その過程で、「面白さってこういうことではない」と実感することもできました。

クイズ的な授業も同じです。学ばなければならない内容をクイズ形式にしたら子どもたちは喜びます。ポイント制にしたらさらに喜ぶでしょう。でもこれにも違和感を覚えます。もちろん楽しくない授業より楽しい授業の方がいいのは間違いありません。いくら大事なことを学べるようにしようとしていても「楽しい」がなければしんどくなってしまいます。しかし、その必要な「楽しい」は、学習の本質に関わる楽しさでありたいものです。

子どもたちが学ぶことの本質的な楽しさに気づくことで、学習は広がり、つながり、深まっていきます。子どもたちはもともとその素質を持っています。生まれながらにして、あらゆるものに興味を持ち、自分の世界を広げようとしています。先生が下手に頑張りすぎると、こうした子どもたちの自然な学びを奪うことにもつながります。

頑張りすぎると疲れる

　授業中に先生が頑張りすぎると、子ども以上に先生がどんどん疲弊していきます。常に「自分がどう頑張るか」を考え続けるのはしんどいですよね。もちろん、「自分がなんとかしなきゃ」という善意の努力であることは間違いありません。決して頑張ることを否定しているわけではありません。しかし、それがかえって子どもたちの成長を妨げることにつながってしまっては元も子もありません。

　「先生が頑張りすぎない」ことを意識するだけで、先生自身に心の余裕が生まれます。その余裕が子どもたち一人ひとりを丁寧に受け止め、成長につながる支援を考えていくことにつながります。頑張りすぎないことは、子どもと教師のどちらのためにもなっていきます。

　ただし、決して「先生は何も頑張らなくてもいい」という話でもありません。どのように頑張れば子どもたちの本当の成長につながるかを考えていく必要があります。先生が頑張って活躍するのではなく、子どもたちが活躍するような学習場面をつくっていきたいものです。

3

教師のいらない授業の要件①

互いに支え合う学級集団

互いの関係性に注目する

教師がいらない状態で学習が成立するために一番大切なのは、子どもたち同士の関係性が良いということです。学習を進める子どもたちが互いに殺伐としていたり、困った時に見て見ぬふりをしたりする状態では、子どもたちだけで何かを進めていくことなんて不可能です。これこそ「当たり前だ」と思われるかもしれませんが、簡単ではありません。

・分からないことを「分からない」と言える
・お互いの「ちがい」を大切にできる
・けんかしても自分たちで解決できる
・「ありがとう」をきちんと伝え合える

…といった学級集団は理想的です。しかし、四月に担任として子どもたちを受け持った時からこうした状態だということはなかなかないでしょう。逆に、

・「分からない」ことを言えない
・お互いの「ちがい」を指摘し合う
・けんかしてどんどん仲が悪くなっていく
・「ありがとう」を言えない

…といった学級集団の可能性だってあります。そんな状態から、いきなり「教師のいらない授業」を求めても、「やっぱり無理だ」「あきらめよう」となってしまう恐れがあります。また、一見理想的に見えても、実は子どもたちの関係性に上下があったり、「先生の前だけよい関係風」ということだったりすることもありえます。

私は、あまり理想の姿を持たないようにしています。理想を持って子どもたちと接すると、知らない間にその姿を求めてしまいます。「みんなで支え合うべき」「みんなで仲良くしよう」なんて求められても子どもたちはしんどくなるだけです。私だって管理職からそ

のようなことを求められるとしんどくなります。どこか息苦しさを感じてしまいます。

お互いの「笑顔」を大切にする

だからといって何でもいいわけではありません。そこで、私が大事にしたいと考えているのは、お互いに「笑顔」を大切にし合う関係性をつくることです。ほっと一息でき、安心できる関係性です。

熊本大学教育学部准教授である苫野一徳さんは、著書『教育の力』（講談社現代新書）において、「自由の相互承認」という言葉を使っておられます。まさに、お互いの自由をどのように大事にしていくかということです。

「自由」という言葉だと子どもたちにしっくりこない場合もあるので、「笑顔」という言葉を使うようにしています。目に見えてイメージしやすい言葉を使うと、子どもたちと大事にしたいことを共有していくことができます。

お互いが相手に何かを求めすぎないようになると、余白が生まれます。その余白で相手に何かしてあげようという気持ちが生まれてきます。「支え合わなければならない」「みんな一緒に何か頑張らなくてはならない」という状況では、その息苦しさから互いに攻撃的になってしまうこともありますが、「お互いの笑顔を大切にしよう」という状況では、少し気を楽にして互いに関わり合っていくことができるようです。

対立も乗り越えられる関係性

ただし、大事な理念を持っていたとしても、いきなり支え合えるようになるわけではありません。時には衝突することも出てきます。衝突が起きると、教師として「どうにかしないと」と思うことがたくさん出てくるでしょう。しかし、こうした対立を子どもたちがきちんと乗り越えられることによって、本当に支え合う関係が生まれてきます。自分たちで乗り越えられるようになると、さらに温かい関係性が育まれます。

学級にいる全員が友達である必要性はありません。「みんなと仲良くしなさい」と話すと違和感を持つ子も出てくるでしょう。そうではなく、日頃は仲良しではなくても、大事な時に一緒に頑張れる関係性を支えていきたいものです。

はじめは先生が子どもたち同士の関係をつないでいくことも多いかもしれません。しかし、徐々に自分たちでつながりをつくっていけるようにすることで、本当に学び合い、支え合う関係性が生まれます。

4

教師のいらない授業の要件②
「うまくいかない」を大切にするマインド

「やってみたい」であふれる子

私には5歳の娘がいます。好奇心旺盛で「やってみたい」ことが多いです。割り箸を割るのも、オムライスをつくるために卵をかきまぜるのも…と、本当に何でも「自分でやりたい」と言います。言い出したらキリがなく、自分でできなかったら泣いてしまうくらいです。

大人から見ると「いやいや、まだこれはあなたには早いよ」「きっとうまくいかないと思うけどなぁ」と思うようなことでも、娘には関係ありません。例えうまくいかなかったとしても、笑顔で何度でもやり直そうとします。こちらから、「もうそろそろよくない？」と声をかけたくなるくらいです。

教室にいる子どもたちはどうでしょう。何でも自分たちでやってみたいという思いであふれている子がたくさんいますか。また、こうした子どもたちの思いを十分に活かせていますか。

もし、「私の学級では大丈夫だ」と自信を持って言えそうなのであれば、次の節に進んでもらって構わないでしょう。きっと自分たちで何かを進めていくエネルギーでいっぱいの子どもたちです。その思いを大切にしていくことで、教師のいらない授業を実現することができます。

そうではなく、「どうすればすぐにあきらめない子になるのだろう」「失敗を恐れてチャレンジできない子が多い」…と、困っている先生の声をよく聴きます。実際に、私自身も同じような悩みを持っていました（現在も悩み続けています）。低学年ならまだしも、高学年になればなるほど「誰かがなんとかしてくれるだろう」「頑張るなんてはずかしいよね」という思いが、子どもたちの行動から見られます。

「正解」から外れることをおそれる子

本当は、何でも「自分でやりたい」でいっぱいだったはずの子どもたちの姿が、教室で見られなくなってしまっているのはどうしてでしょう。「成長するとそうなる」「高学年だとそんなもの」では片付けられません。そこにはやはり原因があるはずです。

原因の一つとして、どこかで「正解」が求められ、それに合わなかったら「失敗」という経験を何度も積み重ねてきているることが考えられます。昔は自分が「こうしたい」と学びの中心だったにもかかわらず、段々と「先生が考えていることを考えなければならない」となってくると違和感を覚えます。それに慣れてきてしまうと、自分から動き出そうとしなくなります。基準は先生となり、それ以外は思考停止に陥ってしまいます。

また、周りの大人が子どもたち同士を比べてしまうことも原因となっているでしょう。学級でも「あの子と比べて…」「自分なんか…」と誰かと比べて一喜一憂する姿が見られます。他者を意識することは悪くありません。ただ、他者と比べて自分を評価し始めると、自分のできていないことや欠点ばかりが気になってしまいます。さらに、「自分なんて…」「周りになんか思われたらどうしよう…」となってしまうと、すぐに挑戦することをあきらめてしまいます。

これらは、自分自身の経験も含めた私の考えです。私もとにかく「失敗」を恐れる子でした。周りの友達よりも自分ができることを大切にして、できないことには目を向けないようにしていました。そうすると、次に向かう一歩がどんどん踏み出せなくなってしまっていました。

「うまくいかない」ことは宝物

現在、子どもたちと学級で大事にしていることは、「『うまくいかない』『分からない』は宝物だ」ということです。「失敗」という言葉はあまり使いません。これまでの経験から、「失敗は悪いものだ」と感じてしまっている子が多いからです。同じ事実だけれど、違う言葉を使うことによって、物事の捉え方を変化させていきます。

「うまくいかない」ことは誰にでもあります。これから、「正解のない時代」と言われる中で、「正解がない問い」に向き合う子どもたちには、「分からない」ことがたくさん出てきます。そこですぐに戸惑って立ち止まってしまうのではなく、曖昧さに耐えながら前に進んでいける子どもたちを育てたいものです。

そのためにも、現在の日常生活で起きる子どもたちの「うまくいかない」、「よく分からない」といった場面を大切に受け止め、共に試行錯誤していくことで成長へとつなげていくことを大切にしたいと考えています。「うまくいかないことに出会えてラッキーだね」というくらいの気持ちでいると、子どもたちも少しずつこうした心持ちができるようになっていきます。

5

教師のいらない授業の要件③
「個」が確立されている学習

子どもたち一人ひとりを大切にする

学校の先生であれば、このタイトルに書かれている言葉を誰もが大切にしていることだと思います。このことに対して何かおかしいと思う人はあまりいないでしょう。ただ、本当に一人ひとりを大切にするとはどういうことか、ということをじっくりと考えてみると、そう簡単なことではありません。私も「毎日、毎時間一人ひとりを大切にしきれているか」と問われると、自信を持って「できています」とは言えない部分もあります。

皆さんは、一人ひとりの「個」をきちんと受け止めて授業を行っていますか。気づいたら「個」よりも「全体」しか見えていないことはないでしょうか。様々な研究発表会でも、黒板（ホワイトボード）上では授業が見事に成立しているように見えるけれど、実は一部の子の意見で成立しており、置いていかれている子がいる、なんて状況もよく見られます。

教室に30人以上の子どもたちがいれば、一人ひとりに目が行き届きにくいのは分かります。しかし、だからといって集団の中に一人ひとりの子どもたちが埋もれていってしまうと、学ぶことがどんどん他人事になってしまう子が増えていきます。

一人ひとりに違いがあるから面白い

新しい学級が始まってすぐの時期に、私はよく一本のバナナを子どもたちに見せます。そこから感じたことや考えたこと、気になったことなどをどんどん書き出してもらいます。はじめは「何を書いたらいいのだろう」と悩む子も多かったですが、何個か例を出した上で、「本当に何でもいい」ことを伝えると、どんどん子どもたちからの考えが出てきます。

・どうしてバナナっていうのだろう
・バナナが黄色くなるのには理由があるのだろうか
・バナナは海外ではいくらで売っているのだろうか
・バナナを漢字で書くとどうなるのか
・どうして日本産のバナナはスーパーであまり見ないのか

…と、ここに書き切れないくらいのものが出てきます。全員が一緒のことを考え、一緒のことが気になっているなんてありえません。バナナ一本だけでも一人ひとりに違いが出てきているのですから、他の教科での学習時にも一人ひとりに違いがあるのは当たり前のことでしょう。

例えば国語の「ごんぎつね」（新美南吉作、光村図書四年下ほか）を読んで、みんなが同じようなことを考えているなんて想像しただけで面白くありません。いたずら好きのごんについて気になる子がいれば、最後の「青いけむりが、…」という文章表現が気になる子もいます。こうした一人ひとりの違いに「その子らしさ」が表れてきます。

一人ひとりに気になることや考えたいことがあるからこそ、自分の考えを持ったり、その考えを相手に伝えたり、相手の考えを聴いたりしたくなります。一人ひとりの「〜したい」が集まることによって、自然と学び合いが生まれます。

「子どもが生きる」授業の改善

「子どもが生きる」は、私が初任の頃から所属している国語の研究会でのテーマです。奈良女子大学附属小学校で先生をされていた今井鑑三先生を中心に立ち上げられた会で、もう三十年以上の歴史があります。その今井先生の言葉にこんなものがあります。

・子どもが生きる授業は、子どもが生きている証を表出するものである。子どもが自由に、主体的に、個性的に、思うこと、感じること、考えることを自由に生き生きと述べられることが必要である。

・生き生きと取り組む子どもは、自分の考えを持っている。また、他の子どもを一人の人間として認め、尊敬する子どもである。そして、お互いに励まし合い、練り合い、高め合い、磨き合う子どもでもある。

・子ども自らが読み、考え、まとめ、話し合い、励まし合い、認め合い、磨き合って、自己を越える学び合いが行われる授業になるように改善していきたい。

教室で「子どもが生きる」ことによって自然に学び合うようになります。子どもたち一人ひとりが本当に生きる授業について、現在も追究し続けています。

6

教師のいらない授業の要件④
高い対話力

「会話」？「対話」？

教師のいらない授業では、子どもたち同士で互いに考えを聴き合いながら学びを深めていく場面が多くあります。学級全体で考えを聴き合う時と同じように、私が一つ一つのグループで対話の質を高めるファシリテートを行うことは不可能です。そこで、子どもたちの対話力が高いかどうかが重要になります。

そもそも対話とは何か。会話との違いは何か。まずはこうしたことから考えていくことで、大事にしたい「対話」像が見えてきます。私は次のようにイメージしています。

会話→お互いの関係性を築く、自由なやり取り。主に日常生活に関するもの。
対話→テーマをもとに、意味や目的を共有すること。共に本質を見つけようとする。

まずは、何気ない会話ができることが大切です。「朝ご飯何食べた？」「好きな遊びは何？」といった会話が積み重なっていくことで、お互いの関係性がより深くなっていきます。こうした会話が成り立つ関係性の上で、ようやく対話ができるようになります。お互いに自分の考えていることを聴き合うことによって、本質を見つけていくことができます。

子どもたち同士が自然に学び合えるのは、お互いに「伝えたい」「聴きたい」「考えたい」ことがあるからです。ただ、子どもたち一人ひとりの心の中にそういったものがあったとしても、うまくかみ合わなければ学びは深まりません。ただの自由なやり取りを行う場から、意味や目的を共有していけるような場になるように意識していきます。

論理的に話すことを意識する

高い対話力を保つためには、お互いが論理的に話すことが必要です。論理的に話すということは「主張」「根拠」「論拠」を大切にするということです。それぞれの意味は、

主張→自分の意見
根拠→主張の裏付けとなる事実

論拠→根拠となる事実をどのように捉えたか

となります。〈参考：森山卓郎『日本語の〈書き〉方』岩波ジュニア新書〉

お互いに主張ばかりしていても何も学びの深まりは生まれません。例えば、「ドラえもんの主人公は誰？」という論題があったとします。これに対して、「主人公はのび太だよ、うん、のび太に決まっている」「いや、主人公はドラえもんだよ。ドラえもんだって」と言い合っていても永遠に何も解決しません。なぜなら、お互いに主張しかしていないからです。

先ほどの主張に付け加えて「主人公はのび太だよ。だってテレビにうつっている時間が長いもん」だと、少し説得力が出てきます。また、「主人公はのび太だよ。だってテレビにうつっている時間が長いもん。そこで気持ちの変化とかが一番よく表れているから」となるとさらに説得力が増してきます。

お互いに根拠や論拠をもとに自分の主張を伝えられるようになってくると、自然と対話の質が高まってきます。お互いに主張しか言っていない時には、相手の言っていることを聴こうとはしませんが、根拠や論拠が含まれてくると「相手はどうしてそんな主張をしているのか」という根っこの部分が気になってきます。そこで自分の根拠や論拠と相手の根拠や論拠を比べようとします。

　また、こうして論理的に話そうとすることによって、「誰かと同じ」ということがなくなってきます。ドラえもんの話で言うと、「主人公はのび太」という意見は一緒でも、その根拠や論拠は人によって変わってくるからです。人によって違いがでてくることで、一人ひとりの意見がより価値あるものになっていきます。

　「○○さんと似ていて」「○○さんとちがって」といった話型が示されている教室があります。もちろん、こうした言葉を使うことは大切です。ただ、先にこうした話型を教えたからと言って対話力が高まる訳ではありません。おそらく、一人ひとりの主張の質が高まっていくことと同時に、自然とこうした言葉が生まれてきます。そこで、子どもたちから生まれた言葉を抽出して、全体に広げていけばよいでしょう。

　「こうした言葉を使えば対話力が高まる」なんてものはありません。本来の目的を見失ってしまっています。「対話することで考えが深まっていくことが面白い」と子どもたち自身が意識することによって、対話することが学級の文化となっていきます。そうなれば、本当に教師が必要な場面がどんどん減っていきます。放っておいてもどんどん思考を深める対話をし続けるでしょう。

7

教師のいらない授業へのステップ①
学習を自分事にする

当事者意識を持って学ぶ

教師のいらない授業が成立するために、一番大切なことは、子どもたちにとって学習することが「自分事」であるということです。当事者意識をもって学習に取り組もうとすることによって、自分たちでできることが少しずつ増えていきます。「言われるから」「何となく」…と他人事になってしまっては、永遠に「先生」という存在が必要になります。

ただし、「学習を自分事にするためにはこうすべきである」という正解はありません。そんな正解を探すよりも、まずは、四月に子どもたちと出会った時に、学習に向かう様子をしっかりと観察しましょう。子どもたちの現在の姿をきちんと受け止めることで、どのようなステップをふんで、子どもたちが自分たちで学んでいけるようにしていくかの計画を立てることができます。

例えば、授業の始まりの姿はどうでしょうか。授業開始のチャイムが鳴った時の様子で、学習が自分事になっているかどうかが分かります。授業準備がきちんとできて、「さぁ、学習を始めるぞ」とやる気満々の子ばかりであれば問題ありません。ただ実際は、チャイムが鳴っても

・ノートや教科書など、授業の準備ができていない
・近くの子とずっと関係ない話をしている

…といった姿が見られることも多いでしょう。もちろん休み時間を有意義に過ごすことは大事なことだと思います。でも、チャイムが鳴っているのにもかかわらず、先生が何か声かけをするまでずっと授業モードでないのは考えものです。

「子どもだから仕方ないよ」という声もあるかもしれません。確かにそう考えることもできます。まだまだ時間感覚が身についていない子もいるでしょう。チャイムが鳴ったからってすぐに学習に取り組むようになるなんて、逆に子どもらしくないよなぁと感じることだってあります。

問題なのは「先生が声をかけないと」という点です。実際、授業の始まりに悩む先生の

声もよく聴きます。つい「早く授業の準備をしましょう」「もうチャイムが鳴っていますよ」と口うるさくなってしまうようです。中学校ではベル着という取り組みがあるほど、授業の始まりについてうまくいっていない先生も多いのではないでしょうか。

先生の言うことを守る文化

どうしてこうなってしまうのでしょうか。その原因の一つとして、「先生の言うことを守りましょう」という文化があると思います。子どもたちには、学校に入ってからずっと何か見本のようなものがあります。「ノートはこう取りましょう」「発言するときは…」と、大事なことを教えてもらいます。本来は、どれも子どもたちにとって意味あるものとして伝えられているはずなのに、どこからかそれが自分の行動の基準になってしまいます。

先生の魅力的な授業で…というのも大切だと思います。でも、先生が惹きつけることをするから、授業に向かう姿勢ができるというのも何か変な話だなと思います。「先生が惹きつけてくれるから」でなくても、次はこの授業だなと自分から考えて過ごせるようにしたいものです。

そもそも、子どもたちは「何のために学習するのか」ということをきちんとイメージできているでしょうか。四月当初、私はこういった話を子どもたちとよくします。「そもそも論」をきちんと語り合うことによって、子どもたち一人ひとりがきちんと目的を持つことができるようになるからです。

何のために学習するのか

「何のために学習するのか」と問われたら、皆さんならどう答えますか。四月に出会った子どもたちは、本当に様々な答えをします。

・テストでいい点をとるため
・お家の人にしろって言われるから
・授業があるから
・勉強しておくと、将来困らないと言われているから

「何かを学ぶ」とは本来、こういうことでしょうか。残念なことに少しずれてきてしまっているように感じます。内側からの欲求のように学んでいくものなのに、どこか「しな

ければならないもの」になってきてしまっています。だから、「言われないとしない」「あまりしたくない」と他人事になってしまいます。

ステップ①では、まず本来の目的を子どもたち自身がつかむことを大事にします。「こうしましょう」「こうすべきです」と伝えるのではなく、「何のために勉強ってするのだろう?」「授業の始まりはどうすればよいだろう?」と絶えず問いかけていきます。

これは、コーチングの考え方を用いています。コーチングとは、相手の解を引き出し、更新させていくことです。絶えず問いかけながら、一人ひとりが自分の中での目的を持ち、解を更新していくことを支えていくことによって、学習が自分事になるようにつなげていきます。

問いかけの例

・楽しい勉強って何だろう?
・本は「読まないといけないもの」なの?
・どうしてお家の人は「勉強しなさい」って言ってくるんだろう?
・本当に必要な宿題ってどんなもの?

・話し合う良さって何だろう？
・「分からないことは宝物」って本当？

学習が他人事である限りは、子どもたちだけで進めていくことは不可能です。なぜなら、誰かがやってくれると思っており、お客様のように過ごしてしまうからです。自分事になればなるほど、「こうしたい」「自分たちで」という思いがあふれてきます。

ステップ①としていますが、このことはずっと考え続けていくものです。絶えず、どうすれば子どもたちが自分事に捉えて学習に取り組んでいけるかを考えて、支援し続けていきます。そのことが子どもたちの自律・自立へとつながり、最終的には教師がいらなくなるようになります。

8

教師のいらない授業へのステップ②

子ども同士のつながりをつくる

子どもたちのつながりを捉える

ステップ①を通して子どもたちの学習が自分事になってきたからといって、子どもたち一人ひとりが孤立していたら学びの効果は薄くなってしまいます。子どもたち同士が自然と学び合うような関係性をつくっていくことによって、学びの質が高まっていきます。

そのためにも、まずは子どもたち同士のつながりの現状から捉えていく必要があります。

①日常、学習共につながりが薄い
②日常でのつながりは強いが、学習でのつながりは薄い
③日常でのつながりは薄いが、学習でのつながりは強い
④日常、学習共につながりが強い

四月は、日常・学習共につながりが薄い（①）ことが多いです。新しいメンバーと出会って、すぐに打ち解け合うことは不可能でしょう。そこで、いきなり学習でのつながり（③や④）を求めてもうまくいきません。まずは、日常でのつながり（②）を大切にしていくことに目を向けていきます。

「早く学習の場面で子どもたち同士がつながり合うようにしないと…」と、急ぐ気持ちも分かります。ただ、子どもたちは、そんなことを第一に考えていません。「楽しく過ごせるかな」「仲良く遊びたいな」といった日常生活に関する不安や期待の気持ちの方が大きいです。だからこそ、こうした気持ちを大切に受け止めていくことから始めます。

職場でも、日常の場面で「あの人はちょっと…」「安心して話せない」という人間関係だと、一緒に仕事をする時にもうまくいかないことが多いのではないでしょうか。基本となる関係性があることによって、仕事の場面で共にできることがより多くなります。「まずは日常の場面でのつながりが大事」なのは、大人も子どもも同じです。

子どもたちのつながりをさらに細かく捉える

そこで、子どもたち同士のつながりの現状をさらに細かく捉えていくことが大切になり

ます。何となく「仲よさそうだな」「あまり話さない関係なのかな」ではなく、

・休み時間にはどうやって遊んでいるか
・かげ口を言い合っているか
・リーダーとなっているのは誰か
・周りの人に自分から声をかけられているか

…といったことを捉えていきます。仲良しグループ等はすぐに見つけることができます。しかし、そのグループ内での力関係や、本当に一人ひとりが感じていることや困っていることなどはすぐに見えてきません。

子どもたち同士は本当に些細なことで仲良くなったり、ケンカしたりします。ただ、単純なように見えて、実は複雑なことも多くあります。だからこそ、ぱっと見で判断するのではなく、子どもたちの日々の行動を追いながら関係性を捉えていく必要があります。

これらは、先生が「つながりましょう」と言ったからつながるものではありません。「仲良くしましょう」と言われて仲良くできるのであれば、最初からしています。むしろ、

「仲良くしている風」に見せなければならないような状況をつくってしまえば、余計にお互いの関係を悪化させると同時に、お互いの関係性の複雑さは先生からどんどん見えにくくなってしまいます。

学級では、岩瀬直樹さんやちょんせいこさんが提唱する「振り返りジャーナル」を参考に、子どもたちが毎日ふり返りを書くという実践を行っています。そこでは、子どもたちが自分のことをふり返るだけでなく、友達とうまくいっていないことや、困っていることなどを書いています。

高学年になればなるほど、子どもたちはお互いの関係性について話さなくなります。だからこそ、こうした手立ての中で子どもたちの関係性のことを知ることができます。知ることができると、そっと仲良くなる場面をつくったり、関係性の修復を支えたりすることができます。

「つながらなければならない」になるとしんどくなってしまいます。しかし、「つながることで楽しくなる」「つながることでより学びも深くなる」ということを子どもたち自身が実感すると、自らつながろうとします。子どもたちが違う学級や社会に出て、新しい人たちと出会った時にも、それを活かそうとします。

9

教師のいらない授業へのステップ③

教師が消える

教師に頼らない子を育てる

ステップ③になると、教師が消えることを意識します。最初にも話しましたが、決して本当に教師がいらないわけではありません。ただ、子どもたちにとっては「自分たちで」という感覚が増えてきているので、先生に頼ろうとする気持ちが減っていきます。そのために、教師の存在感を少しずつ減らしていきます。

「先生のおかげ」でできるようになったことは、もちろんうれしいです。できることが増えて自信がつくと、また新たなチャレンジにもつながっていくでしょう。しかし、「先生のおかげで」が強すぎると、また先生に頼ることになってしまいます。

大村はまさんの著書『教えるということ』（共文社、一九七三）の中に、「仏様の指」という話が書かれています。

「仏様がある時、道ばたに立っていらっしゃると、一人の男が荷物いっぱい積んだ車を引いて通りかかった。そこはたいへんなぬかるみであった。車は、そのぬかるみにはまってしまって、男は懸命に引くけれども、車は動こうともしない。男は汗びっしょりになって苦しんでいる。いつまでたってもどうしても車は抜けない。その時、仏様は、しばらく男のようすを見ていらしたが、ちょっと指でその車におふれになった。その瞬間、車はすっとぬかるみから抜けて、からからと男は引いていってしまった」という話です。（中略）もしその仏様のお力によってその車がひき抜けたことを男が知ったら、男は仏様にひざまずいて感謝したでしょう。けれども、それでは男の一人で生きていく力、生き抜く力は何分の一かに減っただろうと思いました。

という話です。

教師がいなくても、自分たちで学びを深められる状況を多くつくることによって、子どもたちは、「自分たちでできたこと」への自信を持つことができます。そうなると、今後、自分（たち）の学びを自分（たち）でつくっていくことの意欲がさらに高まります。

教師が「消える」とは

まずは、教師が「いる」状態から考えてみます。授業において、どうしても教師の存在感は大きくなってしまいます。なぜなら、教える人としての役割があるからです。また、教師から問いかけや場づくりをしているだけで、「絶対的な権威を持つ人」と子どもたちが感じることにもつながります。そんな教師が消えてしまっては、教える人としての役割を果たしていないことになってしまいます。

ただ、教えるのは何のためでしょうか。それは、子どもたちの成長を促進したり、学習理解を深めたりするためです。そのことを子どもたち自身でできるようにしたり、なるべく教師による「私が教えたのだ」という押しつけにならないようにしたりすることができれば、子どもたちにとって教師という存在は目立たなくなっていきます。

「教師が消える」ということは、子どもたちの中で教師に求めることが減っていくということです。自分たちで学びを深める目的をしっかりと持ち、その手段も多く選択できるようになると、子どもたちにとって教師は必要でなくなります。自分たちでどんどん学びのサイクルを回していけるようになります。

誰とでも学んでいける

子どもたちの中で教師が消えると、子どもたちは本当の意味での自律的な学習者となります。そうなれば、次の学級で誰が担任になろうが、誰と同じメンバーになろうが関係ありません。世の中の様々な事実から「問い」を見出し、仲間と協同しながら学びを深めていくことができます。

これらは、学校にいる時だけ必要とされる力ではありません。社会に出てからも必要な力です。私たち大人が何かを学ぼうとする時も同じではないでしょうか。「誰かが何とかしてくれる」と思っていれば、その「誰か」を待っているだけで何も学ばず文句だけを言う人になります。しかし、「自分（たち）で何とかできる」と思っていれば、自分（たち）の生活も学びも自分（たち）でより良くしていくことができます。

「教師が消える」ことを意識するのは、担任を受け持った一年間だけのためではありません。将来、子どもたちが社会に出た時にも必要な力を育てるために、教師の存在感を消しつつ、自分たちでできることを増やしていこうとしているのです。自分の幸せを自分でつくっていける人になってほしいと心から願っています。

第2章

「教師のいらない授業」のつくり方

ステップ1

学級経営

あらゆることを「自分事」にする

四月はチャンス

四月は学級づくりにおいて自分事を増やすチャンスです。なぜなら、どんな子どもたちであってもやはり新しいスタートには期待をするからです。昨年度うまくいかなかったとしても、「今年は何かうまくいくのではないかな」と少しでも望みを持っています。昨年度うまくいった子なら、なおさら「今年も」という思いを持っていることでしょう。こうした子どもたちの思いをしっかりと受け止めながら学級づくりを行いたいものです。

よく「黄金の三日間」という言葉を聞きます。私も初任の頃はすごく意識をしていました。もちろん、一年間、無事に心配なく過ごしたい先生にとっては大事にしたい三日間でもあります。ただ、「うまくいくように」と意識しすぎて、あまりに管理的な態度を見せすぎると、子どもたちは一気にひいてしまいます。

一見うまくいっているようなクラスでも、管理されすぎていると、すぐに子どもたちは

「これをしていいですか」「あれしていいですか」と聞いてきます。自分たちで判断できなくなってしまっています。また、自分たちで判断しているように見えても、先生が望むような行動を探しながら過ごしていることも多く見られます。そんな状況では、先生がいなくなってしまったら、また子どもたちは路頭に迷ってしまうことになります。

ルールづくりを共に行う

四月には、学級のルールを決める場面が多くあります。給食当番、日直の仕事…と、前年度に各学級で違うルールをもとに過ごしてきた子同士が一緒に過ごすことになります。そこで、ルールを統一しないと混乱してしまうことになります。

ここで先生が「こうしましょう」としてしまうのは簡単です。ただし、先生が決めすぎると、子どもたちの自分事がどんどん減っていきます。先生が決めたルールを守るか守らないかで判断するようになり、「なぜそのルールがあるのか」「どうすればもっとより良くなるか」なんて考えなくなってしまいます。

実際、私が先生になった当初は、自分で多くのルールを考えていました。先輩の先生に、「給食当番のルールはどうやっていますか」と尋ねたり、教育書で調べたりしながら、一番良い方法を探しました。もちろんうまくいくことも多くありました。しかし、子どもたちにとって他人事になればなるほど、こうしたルールは大事にされなくなってしまいます。そうなると先生は「守らせる」ことに意識がいってしまい、子どもたちとの間で徐々に悪循環が生まれてきてしまいます。

ルールを「守らせる」ことに必死になると、どんどんイライラしてきます。子どもたちができていないことばかりを見つけてしまい、「ほら、こうしないと」「ルールを決めたでしょ」といらない声かけばかりをしてしまうようになってしまいます。子どもたちにとっての他人事は、さらに他人事になってきます。

「うまくいかない」を受け止める

子どもたちで考えたルールをもとに取り組んでいくと、うまくいかないことが出てきます。子どもたちの考えることには多くの無駄（のように見えること）があります。先生から見れば「こっちの方がいいのになぁ」「それではうまくいくはずがないよ」と思うこともあるかもしれません。

例えば、給食の配膳の仕方であれば、先生の中で考える「より良い方法」があるはずです。「一列ごとに配っていく方が…」「担当に分けて…」という理想の方法を持っていると、ついつい口出ししたくなるものです。しかし、ここをグッとこらえていきます。

私たちがなぜより良い方法を知っているかというと、これまで多くの失敗をしてきたからです。自分自身が小学生として過ごしてきた経験や様々な教室を見てきた経験があるからです。こうした経験から「ここは、こうした方がいいのではないかなぁ」ということを考えられるようになっています。

でも子どもたちはそんな経験がありません。うまくいく方法なんて知らない、よく分からないのも当たり前です。だからこそ、自分で考えて行動して失敗した上で、「次はどうしよう」と考えることから視野が広がっていくのだと思います。「次はどうしよう」と考える心が持てるようになったら、他の様々なことにもどんどんチャレンジしていくでしょう。

学級には、自分たちでできることがたくさんあります。授業の始め方、朝の会、給食時間、係活動など、自分たちが関わっていることに関しては、自分たちでできることを増やしていきたいものです。自分たちで工夫していく場を多くつくることによって、学級内に多くの「自分事」となる場が増えていきます。「自分事」の心持ちは、間違いなく学習にもつながります。

ステップ
1

学習課題
「問い」を意識できるようにする

きゅうりから何を考える?

目の前にきゅうりが置かれたらどんなことを考えますか。「きゅうりだな」と思うだけかもしれません。しかし、もっと深く見つめていくとさらに気になることが生まれてきます。

・どうして緑なのだろう
・漢字で書くとどうなるのかな
・あのつぶつぶはどんな意味があるのだろう
・世界中にもきゅうりはあるのだろうか
・きゅうりを一本育てるのにお金はいくらかかるのだろう

…と、考えていったらキリがありません。気になることは、国語に関するものや社会に関するものなど、実に様々あります。きゅうり一本で何も感じないことも自由です。しかし、立ち止まれば立ち止まるほど、そこから考えられることや学ぶことがどんどん増えていきます。

「問い」があると面白い

子どもたちの学びも同じです。もちろん先生からきゅうりに関する鋭い発問をしてもらうことによって、考えることが楽しくなるかもしれません。でもそれだけでは、何か面白い問いを出してくれる人を求めてしまうことになります。自分が「問い」を出す人になると、先生がいなくてもどんどん考えていくことができます。

これは「『問い』を出さなければならない」ということではありません。そんなに堅苦しく考えると、学習することが楽しくなくなってしまいます。でも実際にきゅうりに関する「問い」について考えていると、面白くなってきませんか。「少し『問い』を意識するだけで、考えることが面白くなる」という実感が子どもたち自身の中に生まれるといいなと思います。そのためにも、四月からこうした「問い」が生まれる仕掛けをどんどん意識していきたいものです。

学習課題＋子どもたちの「問い」

どの教科での学習においても、各単元で学ばなければならない内容があります。これまでも、先生は教材研究をしながら、「どうすれば子どもたちがより学べるか」「どうすればより深く考えられるか」ということを考えて、発問や場づくり等を練り上げてきたことでしょう。

いきなり全てを子どもたちに任せることは難しいかもしれません。しかし、子どもたちが自分の「問い」を出す場面を少しでも設けていくことを大切にしていきたいものです。学習の始めに自分の「問い」を発散できるようにしておくだけで、自分事になる学習が始まります。

例えば、国語で物語文の学習をする時には、率直に「初めて読んだ時に気になったことは何か」と、問いかけます。そうすると、子どもたちからは本当に様々な「気になること」が出てきます。漢字や言葉の意味など、調べたらすぐに分かるようなことでも構いません。中には、「本文の叙述とかけ離れているなぁ」ということも出てきますが、これもまた一人ひとりの読みの想像が広がるおもしろい「問い」となります。

授業中に、先生から投げかけられた発問をもとに考える場面もあるかもしれませんが、その発問と自分の「問い」をつなげていくことができるようになります。こうすることで、授業が、自分の「問い」を解決するための学習の場となります。また、授業中だけで考えるのを終わらせてしまうのではなく、少しずつ日常につなげて考えられるようにもなるでしょう。「問い」は自分の中にどんどん残っていくのです。

「問い」は学びのエンジン

子どもたちは、先生から質問されたことについて考えることに慣れています。このままだと、ずっと「質問してくれる人」を待ち続けることになります。また、「質問がなければ考えてなくて良い」ということを学ぶことにもつながってしまいます。

自分で「問い」を出すということは、自分の学びのエンジンを育てていくことになります。まずは、先生がそのきっかけとなる場をつくっていくことを意識しましょう。そこから、子どもたち自身が「考えることっておもしろいな」と思い始めることができるように、一人ひとりの「問い」を大切に受け止めていきたいものです。

ステップ
1

話し合い

「言えない」から「言い合い」へシフトする

まずは「言えない」を「言える」に

子どもたちが自分たちで学習を進めていくためには、自分たちで話し合えるようになる必要があります。もちろん、自分一人で考える時間も大切です。その上で、仲間と話し合う過程で、お互いの違いに触れたり、新たな視点を獲得したりしながら、学習していることの理解を深めていくことができます。

必要だからといって、簡単にすぐ「話し合えるクラス」になるわけではありません。日々の積み重ねによって、少しずつ話し合えるようになっていきます。

私の学級を参観に来てくださった方に、次のような質問をよく受けます。

「うちのクラスの子は、全然話さないので困っています」
「一部の子しか発言しないのでどうすればいいか分かりません」

「言えない子はどうすればいいんでしょうか」

これらは様々な学校や教室で起こっている悩みではないでしょうか。こうした問題を抱えているのに、いきなり理想的な話し合いを求めると、先生も子どももしんどくなってしまいます。まずは「言えない」ことが「言える」ようになることから始めていきましょう。

正解がある「問い」だと、正解にたどり着けない子は自分の意見を持つことが難しくなってしまいます。間違いを恐れますし、考えることを途中でやめてしまう可能性もあります。

そこで、正解がない「問い」や、正解があるようでない「問い」を投げかけると、子どもたちは自分の考えを少しずつ出すようになります。例えば、

・ドラえもんの主人公は誰？
・20年後に世の中からなくなっているものは？
・究極の朝ご飯のメニューは？

…といったものです。こうした「問い」に対して、子どもたちは自分の考えを出しやすくなります。普段はあまりみんなの前で意見を言わないような子でも、自分の考えを出すようになります。「正解」もなく、誰かと比べられて否定されるようなこともないからでしょう。こうした「言える」という体験を積み重ねていくことによって、各教科での学習でも少しずつ「言える」ことが増えてきます。

授業中、意見を言える子の考えだけで授業が回っていると、なかなか意見が言えない子はどんどん参加しなくなってしまいます。自分がどう考えようとも授業が成立していくので、傍観者となってしまいます。こうならないように、どんな話題であっても自分の立場を持つことを大切にしていきます。

例えば、先程のドラえもんの話では、「のび太」「ドラえもん」の二つで立場が大きく分かれるでしょう。また、どちらも選べずに「迷っている」というのも一つの立場です。とにかく自分の立場を大切にできるようにすることで、「授業に参加している」という状況をつくっていきます。

ディベートで自分の意見を伝える楽しさ

自分の考えを積極的に相手に伝えられるようにするための取り組みとして、ディベートもお勧めです。ディベートとは、「ある主題について異なる立場に分かれて議論する」といったものです。「夏と冬、どちらが好きか」「縄文時代と弥生時代、タイムスリップするならどちらの時代か」といったテーマをもとに、どちらかの立場に分かれて勝敗を競います。

勝つためにどんな主張をするか、相手の主張に対してどんな反論をするか、と作戦を立てながら自分の考えを相手に伝えます。子どもたちの中に「勝ちたい」という気持ちがあれば、自分の考えをより相手にくわしく伝えようとするでしょう。授業中に自分の考えを伝えることが得意でない子でも、このようにゲーム形式でディベートを行うことによって、少しずつ「自分の考えを伝える」ことができるようになります。チームで作戦を立てて主張するので、安心して言えるようです。

「言えない」から「言える」になった当初は、言い合いになってしまうことが多いです。相手の考えをしっかりと聴くことなんてなかなかできないでしょう。ただ、多くの意見が出てくることによって、子どもたちは、それぞれの意見に違いがあることに気づいていきます。こうした違いが出てくることの面白さを子どもたち自身が感じることによって、学級全体で自分の考えを出し合うことを大切にしようとする雰囲気が生まれます。

ステップ 1

ペア・グループ学習

思いを相手に伝えられる場を増やす

まずはささいな会話から

自分の思いを相手に伝えることは、思っているよりも簡単なことではありません。「相手がどんなことを考えるだろう」とか「自分の考えを否定されないかな」と不安になってしまえば、自分の思いを正直に伝えることなんてできません。子どもたちに、いきなり話し合いや対話を求めるのではなく、まずはささいな会話から互いの関係性をつくることができるようにしていきます。

「目玉焼きには何をかけるか」「パンにはどんなジャムをぬるか」といったように、日常生活に関わる話題であれば、誰もが自分の考えを伝えやすくなります。会話を続けると相手

はどんな人かを理解したり、自分が話したことを受け止めてもらえる安心感が芽生えたりします。39頁でも書いたように、会話が対話を支える土台となります。

発表会からでもいい

日常会話では話がどんどん弾むのに、授業になるとなかなかみんなの前で自分の考えを伝えることが難しくなる子も多いです。こちらは話し合いになることを望んでいるのにもかかわらず、「一人ひとりが発表して終わり」ということもよくあるのではないでしょうか。少し残念な気持ちになるかもしれません。しかし、発表会が悪いわけではありません。話し合いにつながる第一歩となる発表会を目指すところから進めていくといいでしょう。

発表するためには自分の考えを十分につくっておくことが必要です。いきなり問われたことをさっと答えるのは難しい子であっても、自分の考えをしっかりと持ってから相手に伝えることであれば、まだできるという子も多いのではないでしょうか。「自分の考えを相手に伝えた」「相手の考えを聴いた」という経験が次のステップに進むきっかけになります。

また、発表会といっても一方的なやり取りでは終わらせないようにします。発表の後に、発表を聴いていた子から「こんなことを考えた」「ここが面白かった」「気になったことが出てきた」といった反応を返す場を設けていくことによって、発表した子は「伝えたことに反応してもらえた」という喜びを感じることができます。

こうした小さな積み重ねを大事にしていくことによって、発表会から話し合いへとシフトしていくことができます。

日常会話から、少し考える内容に

子どもたちの日常に関わることでも、少しずつ考えられるような話題にしていくと、授業中に活かせることが多くなります。例えば、授業の始まりについて、

「授業を始める」と「授業が始まる」、私たちが目指すのはどちらだろう。

と問いかけると、子どもたちは少し迷うでしょう。これまで何となく捉えてきたことだけれども、改めて意識すると「どういうことかな」と考え出します。

こうした話題に対して、すぐに反応できる子に意見を言わせて終わりにするのではなく、ペアやグループで考える時間を多く設けます。ペアで一緒に悩む経験をしておくと、他の

場面で困ったことが出てきた時にも、「まずは隣の人に聞いてみよう」「近くの人と一緒に考えてみよう」と思うことができます。

これは、授業中でも同じです。算数の問題で分からなくなってしまった時、一人で考え続けていても途方に暮れることがあります。そういう時には、ペアで一緒に悩む時間を設けることによって、安心して自分の思いを吐き出すことができます。

子どもたちにとって、分かっていることを伝えるよりも、困っていることを伝えることの方が簡単なようです。投げかけられた話題に対して、自分は分かっていたとしても、相手の分からないことを聞いた時に、自分は「分かったつもりだった」ということに気づくこともできます。

中には、「ペアやグループで話す時間を取りすぎると授業のリズムが…」と話す先生もいます。しかし、授業のリズムよりも子どもたち一人ひとりが安心して、参加する状況をつくる方が先決です。四月は少しでも多くこうした時間を設けることによって、多くの子が授業に参加していくことができるようになります。

ステップ1

ファシリテート

子どもたち全員の意見表明の場をつくる

全員の考えを知りたい

「ファシリテート」というと、どこか先生の技術をイメージするかもしれません。ただ、ここでは「先生の在り方」について考えられるようにしたいです。そもそもファシリテートとは、「会議やミーティングが生産的かつ効果的に進むように発言を促進し、話の流れを整理し、また参加者の合意形成をサポートする行為」と言われています。そのためには、参加者一人ひとりの考えていることや気になることを適切に受け止めることが必要になります。

やはり先生は、授業がうまく流れていくことを願っています。なぜなら、途中で止まってしまうと、本当に子どもたちと一緒になって混乱してしまうからです。こうした状況を防ぐために「分かってそうな意見」ばかりを集めて、授業として成立させることも可能です。しかし、それではどこか置いてきぼりになってしまう子が出てくるのではないでしょうか。「子どもたちの考えがたくさん出てほしい」と思うのであれば、まずは「全員の考えを知りたい」という自分の在り方を大事にしていきましょう。「正解を求める」のと「本当に一人ひとりの考えを知りたい」というのでは子どもたちの考えの受け止め方が大きく異なります。先生の姿や表情にも表れるでしょう。正解を求めると顔がどんどん引きつってしまいますが、「知りたい」となると笑顔になってきます。

また、子どもたちにもそういった先生の在り方は伝わっています。本当に一人ひとりが受け止められる環境があることによって、誰もが自分の考えを伝えようとし始めます。

何を考えるか

子どもたち全員が意見を表明すればするほど、意見のつながりが複雑になっていきます。何でも自由に話していって良いのですが、子どもたちだけでは、結局何をよく考えたのか分からなくなってしまって終わることも多いです。だからこそ、先生は子どもたち一人ひとりの意見を聴きながら「何を考えるか」ということを明確にしていくことが必要になります。そうすることで、多くの意見が出てきて、考えることの充実感を子どもたち自身が感じられるようになります。

ただ、どこを話題にして考えていくかについて迷われる先生も多いのではないでしょうか。こればっかりは正解がありませんが、事前に行う教材研究によって見つけていくことができます。

例えば、国語「白いぼうし」でちょうちょのことが話題になった時に、ちょうちょが空を飛ぶ仕組みの話ばかりしていても、何の教科の学習かよく分からなくなります。結局、学んだことは理科のことばかりで終わってしまいます。もちろん、これはこれで楽しいです。でもそこを超えて、もう一度言葉や文章に返りながら、子どもたちの中にある「問い」とつなげて考えられるようにすることで、考える焦点が絞られていきます。

このように、初めは「何を考えるか」については先生がリードしていくことになります。そうすることによって、徐々に子どもたちも話題の絞り方を見つけていくことができるようになります。

ネームカードを使って

授業中にはよくネームカードを使っています。一人ひとりの名前が書かれたマグネットシートです。これを活用することによって、一人ひとりが自分の立場をはっきりとさせることができます。もちろん挙手によってはっきりさせることもできますが、挙手以上に子どもたち一人ひとりがどう考えているかを可視化することができます。

例えば、道徳「手品師」の学習において、手品師が誠実であるかどうかが議論の話題になったとします。「誠実である」と考える子もいれば、「誠実でない」と考える子もいるでしょう。「『誠実』と『そうでない』の真ん中らへんだ」と言う子も出てくるかもしれません。

子どもたちは、議論を通して自分の立ち位置が行ったり来たりすることもあるでしょう。ネームカードを活用することによって、こうした子どもたちの考えや揺らぎを全て可視化することができます。お互いに何を考えているかがはっきりとすることによって、子どもたちの中でも「自分と意見の違う○○くんの意見を聞いてみたいな」と考えやすくなります。

また、意見を言っていない子が集団の中に埋もれてしまうのではなく、きちんと一人ひとりが全体の中に存在していることも明確にすることができます。さらには、「あなたはどうしてそこにネームカードを置いているの」「ネームカードを移動させたわけを教えてほしいな」と子どもたちに問いかけることも可能になります。

ステップ

1

「感想」から「ふり返り」へシフトする

ふり返り

ふり返りはなぜ大事なのか

「ふり返りは大事である」という事を聞いたことがある人も多いかもしれません。「授業の終わりにはふり返りを書かせるようにしましょう」と、初任の研修等でも話があって、それをもとに書かせている人も多いと思います。ただ、このふり返りも、ふり返らせることが目的になってしまうと効果を発揮しません。ふり返ることの必要性や目的を教師自身がしっかりと実感している必要があります。

『学習する学校』の著者であるピーター・M・センゲは、ふり返りについて次のように述べています。

あらゆる年齢のシステム市民のスキル育成において重要なのは、学ぶことに対してその場で振り返りをする能力である。毎日こうしたことを続ければ、生徒はものごとを他人のせいにしたり、絶望的になったりすることを超え、先に進む方法を学ぶ。彼らの好奇心が耕され、生徒の責任感覚が発達する。

ふり返ることによって、子どもたちは先に進む方法を学ぶことができます。また、学習することについて、自分の責任を持つことにもつながっていきます。

まずは感想から

先生が、ふり返りの目的を意識できるようになったからといって、いきなり全ての子どもたちに同様のことを求めるのは難しいでしょう。子どもたち自身がふり返りの意味をよく分かっていません。そこでまずは、感じたことや考えたことを書き表す程度でいいと思います。「〇〇するのが楽しかった」「△△して面白かった」といった自分の感情を書き表すことから始めます。

そこから、「どんなことが楽しかったのか」「どんなことが面白かったのか」とさらにくわしくしていきます。また、「悩んでいることは何か」「困っていることは何か」「よく分からないことは何か」と書き進めていくと、次の学習の目的を自分自身で見つけていくことができるようになります。これらは全て、自分の感じたことを素直に表現するというところから始まります。

ふり返りの視点を明示する

ただ単に「ふり返りを書きましょう」と言ったからといって、ふり返りがすぐに書けるようになるわけではありません。最初は子どもたちに視点を明示することが必要になります。

- 感じたことや考えたこと
- 明らかになったこと
- 友達の意見でいいなと思ったこと
- 気になったこと
- 次の時間に考えたいこと

…など、視点があると「こんなことを考えればいいのだなぁ」と子どもたち自身が何をもとにふり返っていけばよいかを見つけていくことができます。

最初は、先生が示した全ての視点について、少しずつ自分の考えを書いていこうとする子が多いです。しかし、少しずつ視点を示すことを減らしていくことで、自分自身で視点を選択したり、新たな視点を見つけられたりするようになります。

初めは「ふり返りを書くのは難しいな」と思う子も出てくるかもしれません。ただ少しずつ自分の学習や行動につながったことを実感する子が出てきます。

例えば、算数の学習で計算間違いをしたことについてふり返り、「〇〇の方法を見つけてやってみるとうまくいった」ということを実感すれば、「やっぱりふり返ってよかった」となります。その子に対して「きちんとふり返ったことが、成長につながったね」とフィードバックすることも大事です。それと同時に、こういったふり返りによる成長を学級全体に広げていくことで、ふり返りの価値について、子どもたち自身が考えたり実感したりすることができるようになります。

「ふり返ったことが次の行動につながっている」ということは、子どもたち自身ではなかなか見つけにくいものです。だからこそ、先生がその成長をきちんと見つけて価値付けし、次のステップへとつなげていきましょう。

ステップ
1

ICT活用

ICTで一人ひとりの考えを見える化する

まずは使ってみる

「ICT機器一人一台の予算確定」「GIGAスクール構想」と、ICT機器活用に関しては、現在（二〇二〇年）様々な情報が流れてきています。本校でも子どもたちが活用できるタブレットPCの台数が少しずつ増えてきています。もう数年後には全国で「一人一台」が本当に当たり前になっているかもしれません。

初めは「使うのなんて難しい」「どうすれば使えるのかなあ」と悩むかもしれません。しかし、悩むよりもまずは子どもたちと共にどんどん使ってみることが大事です。現在では、家にスマホやタブレットPCがある子も多いので、子どもたちの方が操作に慣れていることも多いです。子どもたちに聞きながら、一緒により良い方法を見つけていくのが一番です。私も、子どもたちと活用していくことによって、新たな活用方法を見つけていくことができました。

自分の考えが残っていく

これまでと同様に、紙のノートでも自分の考えたことや整理したことが残っていきます。しかし、タブレットＰＣ上では、さらにその蓄積が分かりやすくなっていきます。紙のノートであればどんどん次のページに情報が積み重なっていくので、過去に書いたものとのつながりが分からなくなっていきます。また、字が汚ければ、もう読み返すことも難しくなります。

ただタブレットＰＣであれば、日頃どれだけ字が汚くても目立たなくなります。また、過去の情報と現在の情報を簡単に結びつけることができるため、自分の考えをすっきりと整理することができます。「整理して終わり」ではなく、そこからさらに発展して様々なことを考えていけるようにもなります。

慣れてくれば、どんどん速くタイピングすることができるようになります。自分が考えているのと同じスピードで言葉が画面上に表れてきます。すぐに修正もできるので、子どもたちも安心して書き進めることができます。

大人でもそうではないでしょうか。もちろん、自分の考えやアイデアなどはまず紙のノート等に書いていく人もいるかもしれません。しかし、レポートや報告書などで書いている文章は、パソコンやタブレットPC、スマホ等を活用している人が多いのではないでしょうか。「なぜそちらをよく活用しているのか」ということを考えると、子どもたちが学習する環境も同様にしていくことをイメージできるようになっていきます。

相手の考えをすぐに知ることができる

この画面を見てください。学級の子どもたち全員の考えが一気にタブレットPC上に表れています。どこかテレビのクイズ番組のようですね。「私はこう考えているのだけど他の人はどう考えているのかな」ということをすぐに知ることができます。これまでであれば、その人に直接話を聞いたり、ノートを読んだりしないと分からなかったことです。こうして一気に見られる環境ができることによって、さらに自分の考えと相手の考えをどんどん比べていくことができるようになります。

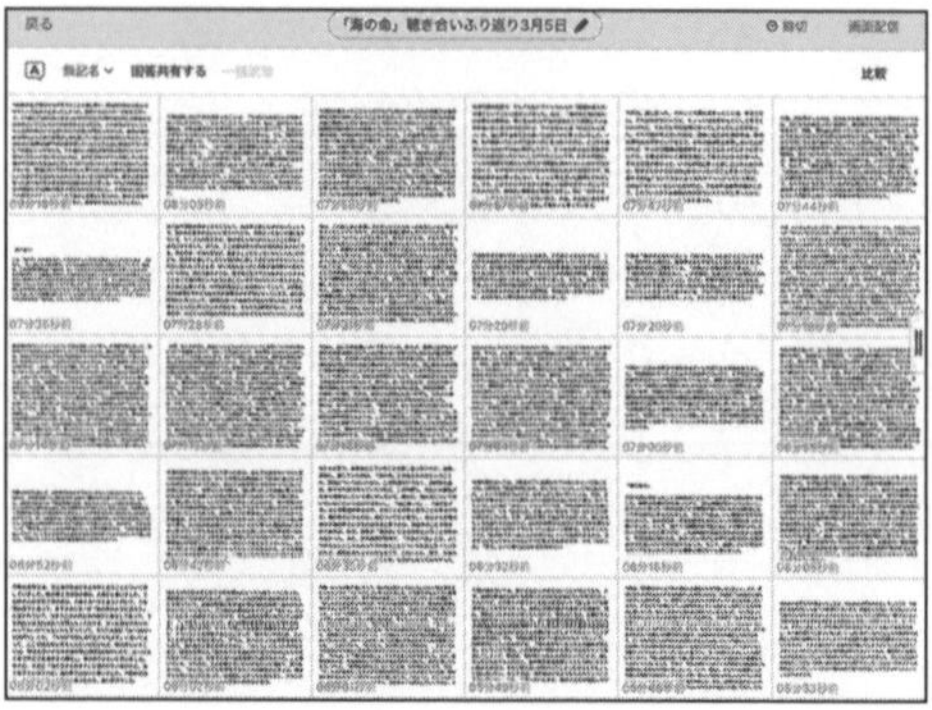

話題が生まれやすくなる

自分の考えが整理されやすくなり、相手の考えもすぐ分かる状況になると、そこから自然と話題が生まれてきます。これまでなら実際に話してからじゃないと分からなかったことも、タブレットＰＣを見ながら、「あの人はどうしてこんなことを考えているのかなぁ」と「問い」が生まれたり、相手に対して自分の考えを伝えたくなったりします。「聴きたい」「伝えたい」が自然と生まれやすくなります。また、「僕はこう考えている」ということも、自分の言葉だけでなくプレゼンテーションのようにキーワードや写真等を使いながら説明することも可能です。自分のイメージしていることをより効果的に相手に伝えたり、相手の感じていることをより理解して受け止めたりすることができるようになります。

タブレットＰＣだけでなく、電子黒板や書画カメラなどのＩＣＴ機器をどんどん活用していくことによって、子どもたちの中に「ＩＣＴ機器を活用すると良いことがあるなぁ」とか「自分たちの学びをより良くしていくものだなぁ」という実感ができてきます。こうした実感を丁寧に受け止めながら、より良い活用方法についても共に考えていくことで、子どもたちが少しずつ自分で判断して選択し、活用していけるようになります。

ステップ2

学級経営

「うまくいかない」場を大事にする

多くの「うまくいかない」が出てくる

子どもたちにとっての「自分事」が増えてくるにつれて、子どもたちは、さらに新しいことにどんどん取り組もうとします。ただ、はじめからうまくいくわけではありません。うまくいくことの方が少ないでしょう。ここで、うまくいかないまま放っておくと、子どもたちはやる気をなくしてしまうことが多いです。「せっかく自分（たち）で頑張ろうと思っていたのに、結局うまくいかないや。それならば先生に言ってもらったことをやった方がうまくいくからいいな」と思うかもしれません。

うまくいかない場面が出てきた時には、きちんと温かく受け止める必要があります。うまくいかないことは、自分で判断して動き出したからこそ発生したことです。結果だけで判断するのではなく、その過程をきちんと価値付けることで、「やっぱり自分から動き出すことが大事だな」ということが実感できます。

個人に関する「うまくいかない」

　忘れ物、宿題、自分の意見を言えない…等、個人に関する課題はたくさんあります。全員が同じ課題を持っているわけではありません。そこで、個人に関する課題にしても、「どうすればうまくいくだろう」と子どもたち自身が考えられるようにしています。そうすると、子どもたちなりに「次はこうしてみよう」ということを見つけることができます。

　これもまた初めからうまくいくことばかりではありません。むしろうまくいかないことがたくさん出てきてしまいます。例えば、「忘れ物が多い」という課題に対して、最初はやる気や気合いだけで何とかしようとする子がいます。「次は、忘れないように頑張る」という思いは良いのですが、具体的な行動を考えられていません。

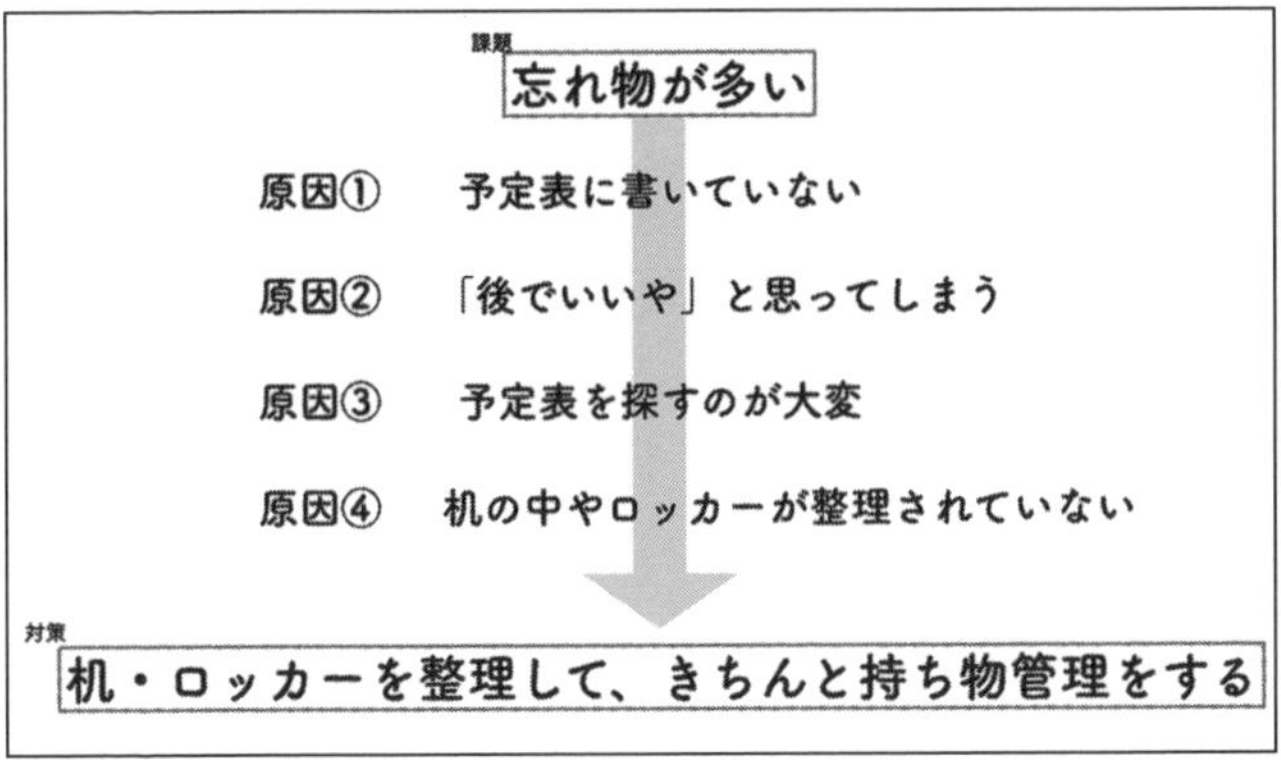
課題
忘れ物が多い
原因①　予定表に書いていない
原因②　「後でいいや」と思ってしまう
原因③　予定表を探すのが大変
原因④　机の中やロッカーが整理されていない
対策
机・ロッカーを整理して、きちんと持ち物管理をする

結局同じことの繰り返しになります。そこで、子どもたちと共に解決策を具体的にしていくことによって、より良い方法を見つけていくことができます。

よく子どもたちとは、「真因を探る」という話をしています。トヨタの「なぜなぜ分析」と同じです。「なぜ」と何回も探っていくことによって、実際に自分が解決しなければいけないことを見つけていくことができます。

また、自分は得意ではないけれど、他の人は得意という場合もあります。そういう時には「その人がなぜうまくいっているのか」ということを聞きながら、両者の関係をつなぎます。先生と子どもたちだけでやりとりしているよりも、子どもたち同士が課題を共有しながら共に支え合っていく方が、学級としてのつながりも増えていきます。お互いに、「一人ひとりに頑張っていることがあるのだな」と実感できていると、自分の課題に対するマイナス意識も少なくなっていくでしょう。また、相手の課題に対するマイナス意識も減っていきます。

学級全体に関する「うまくいかない」

学級全体の課題は、給食当番、係活動、そうじ…と実に様々な場面で出てきます。これらの課題も、子どもたちと共に解決策を考えていく過程で「うまくいかないことが大事だな」ということを実感できるようにしたいです。おそらく「こうすればうまくいくのでは」というアイディアは、子どもたちからたくさん出てくると思います。話し合って練り上げていくことでかなり収束はしていきますが、それでもどうしても一つには絞りきれません。

そこでまずは、その中で一番共感が多いものに取り組みます。そこでもしうまくいかなければ、もう一つの案の良いところを重ねながら取り組んでいくことで、少しうまくいくことが増えていきます。こうした試行錯誤の過程を経て、「より良くするための議論では、どの意見もすごく大切だ」と子どもたち自身が実感することができるでしょう。

こうした話し合いでは、多数決で多い方の意見だけが採用され、少ない方は価値がないかのようになってしまいがちです。もしかしたら少ない方の意見も大事な視点を持っているにもかかわらず、多くの子がまだそれに気づいていないだけという場合もあります。多数決で決めることが大事な場合もあるかもしれませんが、少数の意見にも価値があるということを子どもたち自身が実感していくと、簡単に多数決で決めようとしなくなります。

対立をどう解決していくか

「こうしたい」「ああしたい」という子どもたちの思いがたくさん出てくれば出てくるほど、お互いの間に対立も生まれます。思いのすれ違いについて、はじめはなかなか自分たちで解決することは難しいです。感情的になればなるほどお互いに相手の言うことを聴くことなんかできません。

そこで、はじめは先生が間に入って、お互いが言いたいことを聴くことから始めます。子どもたちは、相手のだめなところを言いがちです。しかし、そうではなくお互いの思いを丁寧に聴くことによって、お互いの本当の思いに気づき、「もっとこうすればよかったな」ということを見つけていくことができるでしょう。こうした解決の仕方を子どもたちが学ぶと、先生がいなくなっても対立を自分たちで解決していくことができるようになっていきます。

「ケンカするほど仲が良い」とよく言いますが、ケンカするということは、自分の思いをきちんと相手に伝えられているということです。相手に何も言えない関係性だとケンカは起きません。どちらかが我慢しているだけになります。対立が起きた時は、「さらに仲が良くなるチャンスだ」と捉えて子どもたち自身で解決できるようにしていきます。

解決できる自分になる

子どもたちは、ケンカや対立を解決する方法を知らないことが多いです。だからこそ最初は丁寧に子どもたちと共に解決する方法を考えていく必要があります。その際、気をつけないといけないのは、少しずつ子どもたちに委ねていくということです。「トラブルを早く終わらせないといけない」と思いすぎると、やっぱり先生が頑張りすぎることになってしまいます。

もちろん、いじめ等の問題に関しては、すぐに解決に向かうことが大切です。しかし、その他のことはすぐに解決することばかりが良いわけではありません。子どもたちの世界の中で解決していけるように支えていくことが大切になります。

個人や学級でうまくいかないことが出てきても、自分たちで解決できる経験が増えると、「うまくいかない」ことに対する恐れがなくなっていきます。最初は先生と共に解決していたことが多いかもしれませんが、徐々に自分だけで解決できることが増えていくことで自信が生まれます。

ステップ 2

学習課題

「問い」を活かした課題を教師がつくる

「問い」がたくさん出てくるようになる

子どもも教師も「問い」を意識するようになると、教材や物事に出会った時に子どもたちはどんどん「問い」を出そうとします。例えば、国語「白いぼうし」の学習では、

・どうして松井さんはちょうちょのかわりに夏みかんを入れたのだろう
・どうして男の子は、虫取りあみを持ってこなかったのだろう
・どうして「白いぼうし」という題名なのだろう
・女の子はどこに行ってしまったのだろう
・「よかったね」「よかったよ」という小さな声はだれが言っているのだろう
・今までのお話と少し違う感じがするのはなぜだろう

…といった「問い」が出てきました。皆さんならこれらの「問い」をどう受け止めますか。結局は、これらの「問い」を全て無視して、先生が質問や発問をして、子どもたちはそのことについて考えるだけになってしまうのであれば、子どもたちは「問い」を出すことをやめてしまうかもしれません。

そこで、まずはどんどん「問い」や「問い」に対する考えを発散していけるようにします。「僕はこんなことを考えたのだけれど」「確かにそのことは気になるなぁ」と、一人ひとりが自分の考えを伝えることによって、「問い」に対する思いは消化されていきます。

先程の国語「白いぼうし」に関する「問い」であれば、「考えることは面白くても、これは解決していけないよね」とか、「辞書で意味を調べればすぐに解決できるよね」というものも出てきます。お互いの「問い」を発散する過程で、「問い」に対する考え方も子どもたちの中で養われていきます。

どの「問い」を活かして収束するか

子どもたちから出た「問い」をどのように活かすかは、教材研究によって考えることができます。教材研究をせずに学習する本質がよく理解できていないままだと、どのように

「問い」を活かしていいのか分かりません。国語であれば、作品の主題や表現の特質に関わることなど、大事にすべきことをきちんと見つけていくことによって、「問い」をより活かすことができるようになります。

それならば、最初から先生が全部考えればいいのではないかと思うかもしれません。しかし、それは違います。「子どもたちが考えた『問い』を活かしている」ということが大事なのです。そうすることで、「自分たちが気になったことを、自分たちで解決するのだ」という意識が子どもたちの中で生まれます。また、「先生は、僕たちが出した『問い』をきちんと大事にしてくれるのだな」ということも実感することにつながります。

どんな「問い」を立てれば良いかを子どもたちと考える

作品の主題に関わる「問い」であれば、子どもたちの話し合いも大いに盛り上がっていくことが多いです。そうすると「『問い』をもとに考えることが楽しい」「『問い』をもとに考えていくことでさらに読みを深めていくことができる」ということを子どもたち自身が実感していけるようになります。ここで経験したことが、今後自分で「問い」を立てる時のヒントになります。

子どもたちと共に、深い「問い」、浅い「問い」を分類したこともあります。（下写真）

これまでの経験をもとに言語化しながら分類することによって、子どもたちの「問い」の視点の質が高まります。こうしたことを考えた後の学習では、より質の高い「問い」が子どもたちから生まれてくることになるでしょう。

こうした過程を経て、自分たちで学習していくための中心となる「問い」が、教材の本質に関わるものに自然とつながってきます。「問い」をもとに何度もくり返して学習を進めることによって、先生が収束させることなく、子どもたち自身で、より本質的な話題で考えを収束させていくことができるようになっていきます。

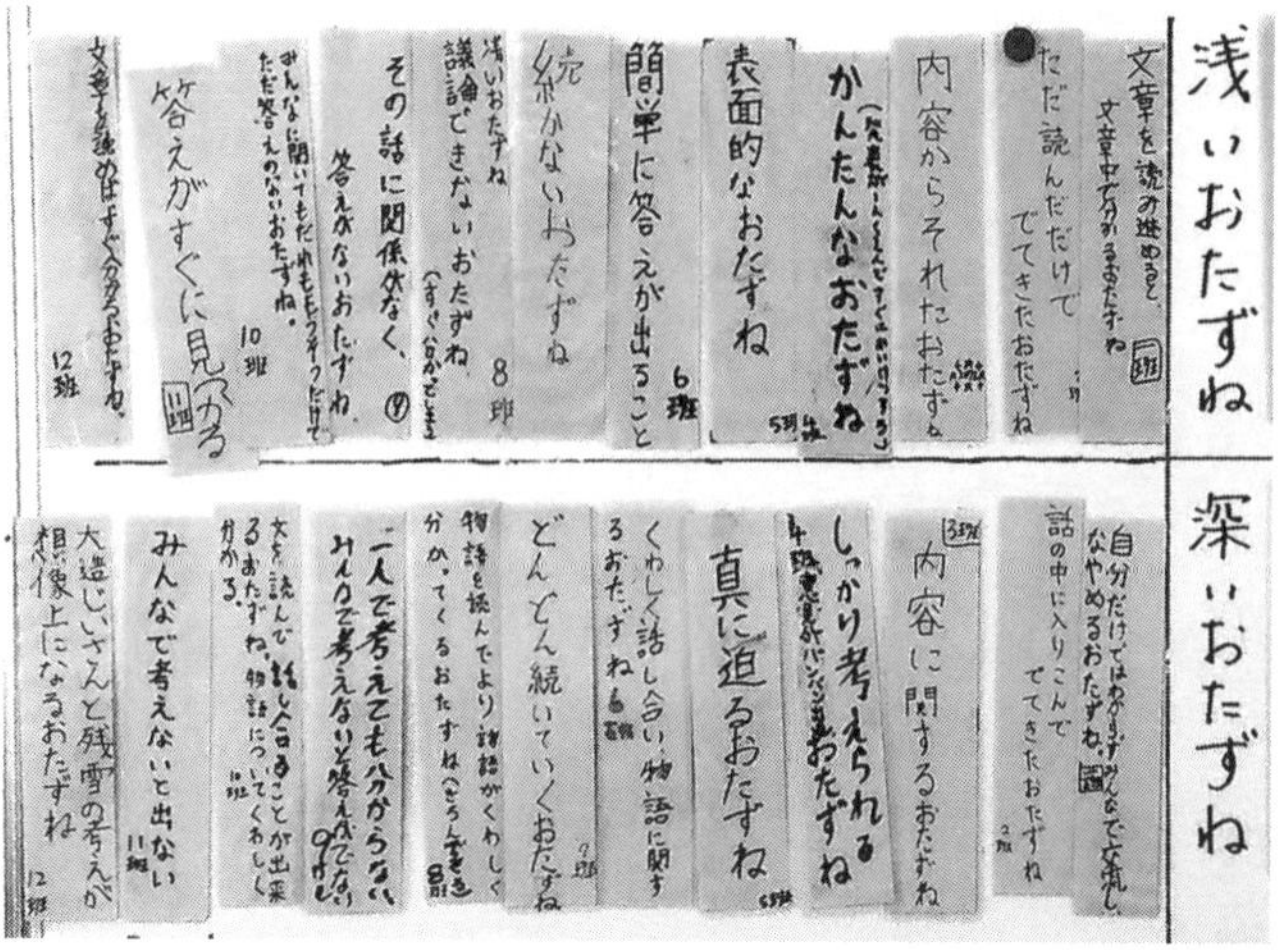

ステップ 2

「言い合い」から「話し合い」へシフトする

（言い合い → 話し合い）

子ども同士がつながる

「言い合い」と「話し合い」の違いはどんなところにあるでしょうか。私は、「言い合い」は、自分の伝えたいことは伝えられているけれど、相手のことをきちんと受け止められていない状態だと考えます。「話し合い」では自分の伝えたいことを相手に伝えるだけでなく、相手の話していることを聴こうとしています。だからこそ、話し合うことによってさらに理解が深まったり、新たな意見が出てきたりします。言い合いでは、どちらかが言い負かすか、お互いに不完全燃焼になって終わりになってしまいます。「言い合い」から「話し合い」へとシフトすることによって、子どもたち同士のつながりがさらに生まれます。

出てくる言葉を抽出する

「こうすれば、より良い話し合いになる」という正解はありません。よく、より良い話し合いにするために「話し合う時は相手の目を見ましょう」とか「『しかし』『なぜなら』といった言葉を使いましょう」といった話型が示されることがあります。私自身も最初はそういったことを教えていた時期もあります。しかし、こうした話型を教え過ぎると、どこか不自然な話し合いが始まってしまいます。

子どもたちが自然に中身のある話し合いをしていれば、聞こえてくる言葉があります。それらをきちんと抽出して価値づけることが大事です。

例えば、

・だって…
・でもさ…
・○○くんと似ていて…、○○さんとちがって…
・もう少しくわしく教えて
・○○さんはどう考えるの？

…といった言葉は、子どもたちから自然と出てきています。ただし、いきなり全員が同じ言葉を使えるようになるわけではありません。だからこそ、「ステキだな」「大事だな」と思った言葉をきちんと受け止めて、子どもたちに広げていきます。

先生から与えられる言葉は、「守らなければならないもの」となってしまいます。しかし、自分たちから出てきたものであれば、お互いに大事にしようと思えます。また、「これらの言葉がなぜ良いのか」ということを共に考えることによって、目的を持ってこうした言葉を使えるようになっていきます。

「先生から示すのと同じではないか」と思われがちですが、先生から示すのと子どもたちから抽出するのとでは大きな違いがあります。先生が求める良い学び方をするのではなく、「自分たちにとってより良い学び方を自分たちでつくっていくのだ」ということを実感できるようにしていきます。

どうすればより良い話し合いができるかを共に考える

「話し合い」へのシフトを進めていても、きっと「うまくいかない」ことが出てくるでしょう。やはり簡単に「話し合い」にシフトできるわけでもなく、何度も「言い合い」で終わってしまうことが多いです。そこで、「どうすればより良い話し合いができるか」ということを子どもたちと共に考えます。「うまくいかない」原因は先生からもたくさん見えています。しかし、その事実に子どもたち自身が気づかないと意味がありません。「相手の話を聴けていなかった」「言って終わりになってしまっていた」と、一人ひとりの思いやつぶやきからみんなでより良い学び方を見つけていくことができます。

「一度考えたら終わり」にするのではなく、何度も考え続けます。「うまくいかない」ことが出てくれば、また何度でも一緒に考えていけば良いのです。「どうすればうまくいくか」を考えていくことを続けると、子どもたち自身が、今の自分たちの状況は「話し合いかどうか」を認識することができるようになります。

興奮している時にはなかなか自分の感情を抑えることができないかもしれませんが、「今言い合いになっているな」と少しでも実感できることが増えると、自分（たち）で軌道修正していくことができます。

大人の話し合いでも「言い過ぎてしまっているな」「相手の考えを聴けていないな」ということを実感したことがありませんか。子どもたちも同じです。自分たち自身でこうしたことを認識し、「話し合いにしていこう」と思えることが、本当の意味で子どもたちが話し合うことにつながっていきます。

ステップ 2

自然と学び合いが始まるグループを構成する

ペア・グループ学習

放っておいても話し合えるわけではない

日常生活の話題では、ペアやグループで簡単に会話することができたとしても、学習場面においてはそう簡単に話し合うことなんてできません。「話し合いましょう」と言われたから話し合えるものではないですよね。

私自身も十年目の教員免許更新講習の授業を受けた時に、講師の先生からいきなり「隣の人と話し合ってください」と言われて、とても困った経験があります。「何を考えなければならないのか」「何を話し合わなければならないのか」ということがよく分からなければ、「先生が言うから」という理由で、何となく話し合っている風でしか過ごすことができません。やはり、子どもたちが「話したい」「聴きたい」と心から願うような場面を先生が設けていく必要があります。

授業内に適宜ペアやグループの時間を設ける

それでは、どんな時にペアやグループで話し合う時間を設ければよいのでしょうか。まずは、学級全体として互いの意見が分かれた時がいいでしょう。意見が分かれると、どうにかして解決していかなければならないという必要感がうまれます。ただ、いきなり全体で話していくとついていけない子が出てきます。そこで一旦、お互いの思っていることを聴き合います。そうすることで、自分の考えを固めていくことができます。

また、曖昧なことや「まだよく分からないなぁ」ということが出てきた時にも、近くの人と話し合えるようにします。学級全体の中で自分の分かっていないことを堂々と話せる子は多くありません。でも、隣の人になら気安く話せることだって多いでしょう。

そこでもまだ解決しなければ、「二人ともがよく分かっていない」もしくは「グループ全体がよく分かっていない」ということです。子どもたちも安心して自分の分からなさを全体に出すことができます。こうした「分からない」が集まって、学級全体で解決していくことにつながっていきます。学級全体で考えを聴き合う必然性もここから生まれるでしょう。

教材研究と照らし合わせて

子どもたち同士の意見が分かれたからといって、何でもかんでもグループで話していくと、時間がいくらあっても足りません。意見が分かれていても放っておくわけではありませんが、学習における大事なところで意見が分かれてきた際に、グループで話し合う場を設けていきたいものです。

それでは、その「大事なところ」はどうやって見つけられるのでしょうか。それは、教材の本質と大きく関わってくるところです。この話題について考えていくことで、本単元や本時で学ばなければならないことを考えられるようにします。どの教材にもやはり魅力があります。教材の中心部分に迫れば迫るほど、「僕はこう考える」「私はこう考える」ということが増えてくるでしょう。

ただし、同じ視点で物事を捉えている子ばかりが同じグループで話していても話が深まらないことがあります。違う視点の考えが集まるからこそ、互いの違いを比べて本質を見つけていくことができます。

そこで、子どもたちの考えを受け止めた上で、あえて同じ視点の子ばかりで集める（同質の強化）時もあれば、違う視点の子ばかりを集める（異質との出会い）時もあるようにグループをつくります。何となくグループ編成を行うのではなく、子どもたち自身が自然と話し合いを始めたり、考えの再構成をしたりできるようなグループ編成を行います。

話題をつくっていけるように

最初はこちらから互いのズレが出る場面を用意しますが、少しずつ子どもたちがお互いのズレを自分たちで意識して、話題にしていけるようにすることが大切になります。「互いの考えの違いが話し合いの中心になる」「互いの違いを聴き合うことで、より学びを深めることができる」ということを子どもたち自身が実感するようになると、話し合うべき話題を自分たちでつくっていくことができるでしょう。

そうなれば、授業中に全体で考える場面よりも、グループで考える場面を多く設けることができます。やはり、全体での話し合いでは子どもたちが自分の考えを伝えたり、相手の考えを聴いたりする場面が少なくなってしまいます。

こうして、子どもたちがペアやグループ内において、自分たちで学び合えるようになると、その分、先生が全体で頑張らなければならないことが減ってくるでしょう。

ステップ 2

表明した意見を先生がつなげる

ファシリテート

自分の考えをどんどん発散させる

子どもたちが自分の意見を出しやすい環境をつくった上（ステップ①）で、どんどん自分の考えを発散できるようにしていきます。せっかく自分の考えを持っているのにもかかわらず、誰にも伝えないままで終わるのはもったいないです。ペアやグループで考えを伝え合う場面も適宜設けていきます。

発散の場面では、自分の考えが完璧なものである必要はありません。まずは、「僕はこう考えるのだけど」とか「あなたはどう思ったの」といった自然なやり取りから始めます。発散させていけばさせていくほど、子どもたちの意見がたくさん表れてきます。発散された意見の中には、自分の考えに近いもの、近くないものがそれぞれあることでしょう。

よく子どもたちの中では、「似ているからもう言わなくていいや」と思ってしまう子がいます。「誰かに任せればいいでしょ」と思っている可能性もあります。ただ、ステップ

①でも書いたように、「子どもたちがどんなことを考えているのか聴きたい」というスタンスでいると、似ている考えの中にもその違いをちゃんと見出すことができます。例えば、

「手品師は、男の子のことを思っていて優しい」
「手品師は、男の子のことを考えていて誠実だ」

この二つの意見は似ているようで少し違います。こうした違いを先生自身が見つけてフィードバックしていくことによって、「考えが似ていても、互いの考えを重ねていくことによって、全体で分かることがより増えていく」ということを実感できるようにします。学級全体でこうしたことを考えられるようにすることで、子どもたちは、ペアやグループで考えを聴き合う時にも、また同じようなことをしようとします。

考えを収束させる

子どもたちの意見がたくさん出てくれば出てくるほど、考えられることは増えていきます。ただ、意見がたくさん出過ぎると、子どもたちは自分の中で互いの考えを整理してい

くことができません。「自分の考え」と「相手の考え」の二人ぐらいであれば、比べながらさらに考えていくことができます。しかし、たくさん出てくれば出てくるほど、ここから何を考えていけるのかがよく分からなくなってしまいます。だからこそ先生が収束をしてきちんと整理していくことが必要になってきます。

例えば、それぞれの考えを「比べる」ことによって新たな発見が生まれるでしょう。りんごとバナナ、メリットとデメリット、賛成と反対…と出てきた意見に合わせて、比べることによって新たな視点も見つけていくことができるでしょう。

何を論点にして意見を収束していくかは、やはり教材研究によるものが大きいです。ぱっと見は、子どもたちが意見を出しながら「自分たちで解決していける」と感じられるようにするために、教材の本質に応じて話題を絞ることは先生が頑張ります。

その後、まとめる段階に突入しますが、その方法としては大きく分けて二種類あります。オープンエンドとクリアエンドです。何かを決めなければいけない時やはっきりとした正解がある時には一つにまとめていきます（クリアエンド）。一方で、子どもたち一人ひとりの判断に委ねたり、自分自身がどう考えるのかを重視したりする時には、あえて一つにまとめないこともあります（オープンエンド）。

オープンエンドとクリアエンド、どちらで終わらせるかを判断するのは先生です。毎回クリアエンドにしすぎると、正解がないものまで「正解があるのだな」と思ってしまうことになります。そうすることによって、子どもたちが自分たちで話し合う時にも、「何か一つには決めなくてはならない」と思い込んでしまうようになるので要注意です。

先生がつなげると、子どもたち同士もつなげるように

はじめは子どもたち同士で自分の意見をつなげることは難しいかもしれません。なぜなら、お互いの意見の表面的なところしか聞こえていないからです。しかし、先生が丁寧にお互いの考えがつながっていることを意識できるようにすることによって、子どもたち自身も相手の意見と自分の意見をさらによく聴いてつなげていこうとします。

つながればつながるほど「共に考える」という意識も芽生えてくるでしょう。そうすると子どもたちの反応も変わってきます。「もう少しくわしく教えて」「そういうことかぁ」といった反応が子どもたちから出てきます。互いの意見に関わっていこうとする思いが芽生えていきます。先生がファシリテートに徹していると、子どもたちもその姿を真似するようにもなっていきます。

ステップ

2

ふり返り

内容だけでなく「学び方」もふり返る

学びの結果の奥には何があるか

「感想」から「ふり返り」になったことによって、少しずつふり返ったことが自分の学習につながることを意識できるようになってきたことでしょう。「自分が何でよく分かるようになったのか」「どういうことを考えたのか」ということがさらにくわしくなります。

ただ単に自分が学んだことをふり返るだけでなく、自分（たち）の「学び方」についてもふり返っていくとさらにその効果は上がっていくでしょう。授業中に話し合っていてうまくいったこともあれば、うまくいかなかったこともあるでしょう。そこには何かしらの原因があるはずです。そのまま放っておくと、なんとなく過ぎていきますが、うまくいったことは「どうしてうまくいったのか」、うまくいかなかったことは「次はどうすればよいか」とふり返ると、自分たちで学び方について考えていくことができます。

最初は自分からそんなことを考えることはなかなかありません。しかし、先生から話題に出すことによって、少しずつ考えていけるようになります。もしかすると、自然とこうしたふり返りをする子も出てくるかもしれません。その時は、その考えを受け止めながら全体に広げていくことがより効果的です。

子どものふり返りから

今日の授業では、クラムボンについての話し合いをしていたのだけど、ずっとその事ばかりではなく、違う話題についても考えればよかった。クラムボンについては教科書にも書いてある通り、作者がつくった言葉でもあるし、僕たちがずっと考えていても必ず全員が根拠をもって共感できるものが出てこない。ずっと、クラムボンについて考えていくのもいいけど、例えば「なぜ題名がやまなしなのか」について考える方が、全員が「こんなことが書いていたからこうなったと思う」と根拠をもって話せると思う。いい議論にするためには、「本当にこのおたずねでいいのか」ということを考えていきたい。

先生が「もっとこうすれば」と思うことを子どもたち自身も感じていることが多いです。

そうであれば、その姿を支えるところから始めていきます。

また、次の子のふり返りも見てみましょう。


今回の話し合いでは、あまり自分の意見は言えなかったけど、他の人の意見はちゃんと聞き取ることができたのでよかった。そして、今回の話し合いで僕が着目したのは題名についてです。題名の「鳥獣戯画を『読む』」ということで、普通に「鳥獣戯画」だけだったら筆者の感想などは入らずに全てが事実になるのだと思うけど、「読む」ということがつくと、筆者が読んで思ったことや…（中略）。「見る」ではなく、「読む」なのも、筆者のこだわりがあるのだと思った。ただ、もっと自分の考えも言っておけば、みんなでより考えを深められただろうから、今度は、もっと人の意見を聴いて、自分がどう考えたかも言えるようになりたい。


仲間と共に学び合うことの大切さを感じた上で、自分はどうすべきかを考えています。

この子は次の時間に、今回書いたことをどんどん活かそうとしていました。

放っておいてもふり返るように

最初は先生から声かけすることによって、自分たちの学び方についてのふり返りをしますが、徐々に自分からこうしたことをふり返っていくことができるようにしたいものです。そのためには、これもまた「ふり返ったことが自分たちの学び方に変化をもたらした」と実感できるようにすることが必要です。

「次はこうしよう」と考えている子どもたちの思いを受け止めた上で、少しでも成長したことがあればすかさずフィードバックします。そのくり返しで、ふり返りと学び方の成長のつながりを子どもたち自身が感じることができます。また、そのためにどんどんチャレンジしていくようにもなります。こうした波が子どもたちの間で徐々に広がっていくでしょう。

学習のふり返りだけだと個人内で終わってしまいます。しかし、学び方についてふり返ると、子どもたちはお互いのつながりの中で学び合っていることを意識するようになります。学びをより良くするのも「自分たち」だという意識がさらに高まるでしょう。

ステップ 2

ICTで考えの整理を助ける

ICT活用

ノートより簡単に

タブレットPCを活用すると、ノートよりも簡単に自分の考えを整理していくことができます。何度も書いたり消したり…と試行錯誤できるのはタブレットPCの便利なところです。写真を撮ってアップとルーズを使いながら説明したり、自分の考えを書き込んだり…と子どもたちは自分たちで工夫を見つけていくことができます。

「簡単に」というのは子どもたちにとってすごく重要なことです。学習が困難な子ほど、紙のノートで書くことでごちゃごちゃしすぎて終わってしまうことも多いです。しかし、簡単にできることによって試行錯誤しやすくなっていきます。少しずつ「できた」という経験が増えていけば増えていくほど、さらに工夫していくようにもなってきます。

国語での活用例

物語の登場人物の心情の変化を線で表す子もいれば、自分の考えをひたすら書き進める子もいます。また、イメージマップのように考えをつなげていく子もいます。（下の写真）

考えの整理の仕方は人によって変わってきます。言葉への関わり方の違いも、子どもたちの整理の仕方から見つけることができます。大事なのは、整理の仕方を「自分で選ぶ」ことです。

一人ひとりに違いがあるからこそ、お互いの整理の仕方の良さや考え方の良さにも気づいていくことができます。「どうすれば自分の考えを整理しやすくなるか」「どうすればより自分の考えを深めていくことができるか」ということを考えながら、読み深めるための手段がこれまで以上に増えてきています。

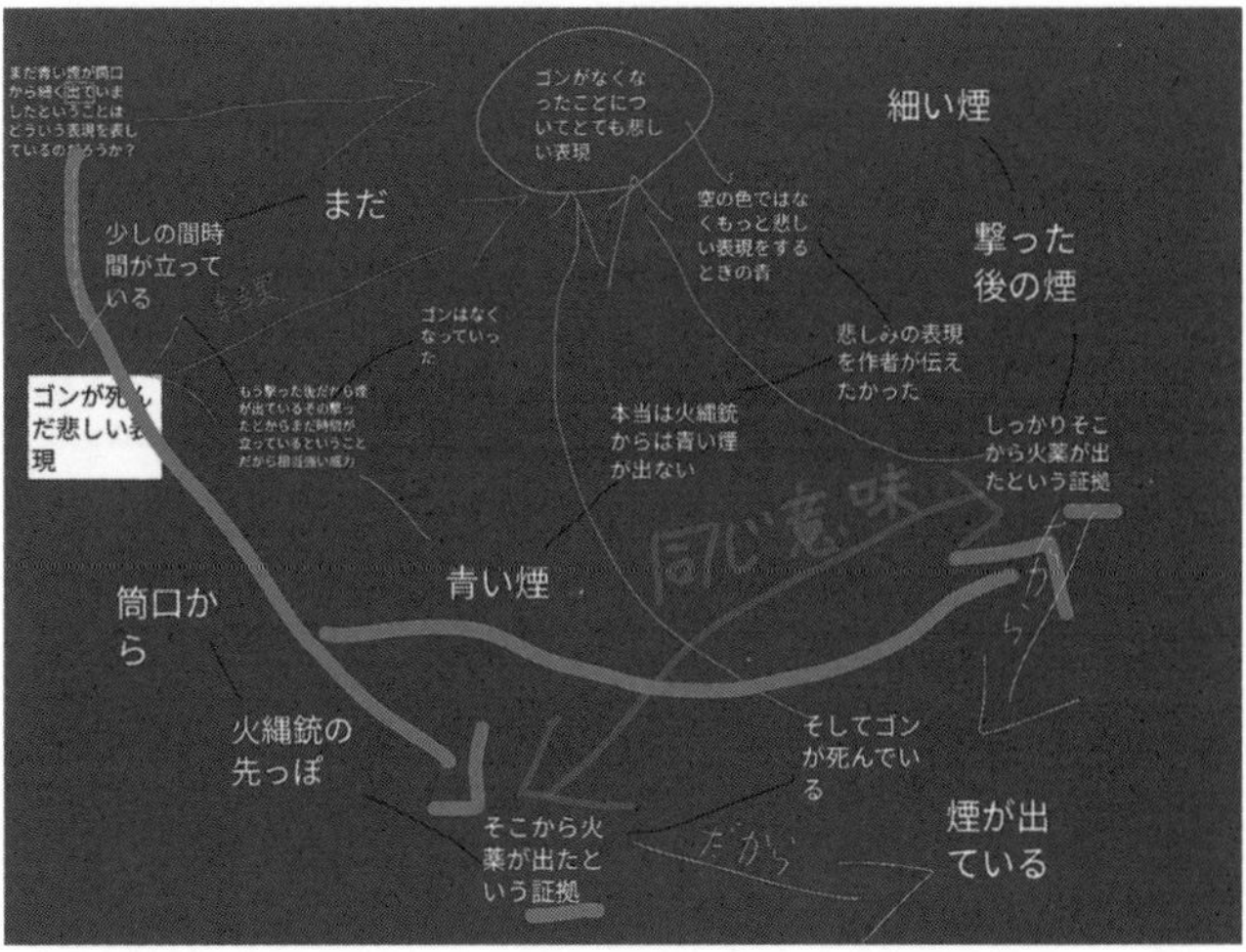

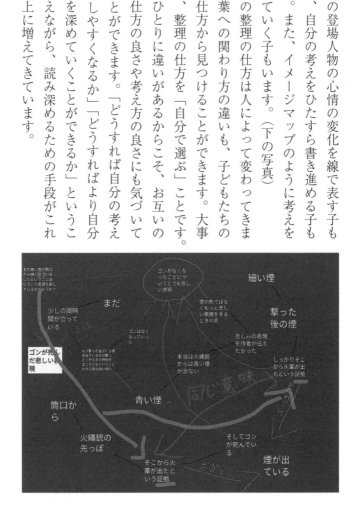

シンキングツールを使って

現在、教室で子どもたちが使っているアプリ（ロイロノート・スクール）にはシンキングツールをうまく活用できる機能がついています。学校全体で低学年の時から少しずつ活用しているので、高学年になれば自分たちで状況に応じて、考えを整理するために使っていくことができます。

例えば、理科で生き物の四季の変化について整理する時にはデータチャート（下写真）、空気と水の違いを比べて考える時にはベン図を活用します。事実や考えを整理することによって、新たな発見が生まれることでしょう。

このような整理を紙のノートで行うのはなかなか大変な作業です。しかしタブレットPCであれば簡単にできます。さらに試行錯誤しやすいことによって、自分の考えをどんどん更新させていくことができます。「書いたら終わり」

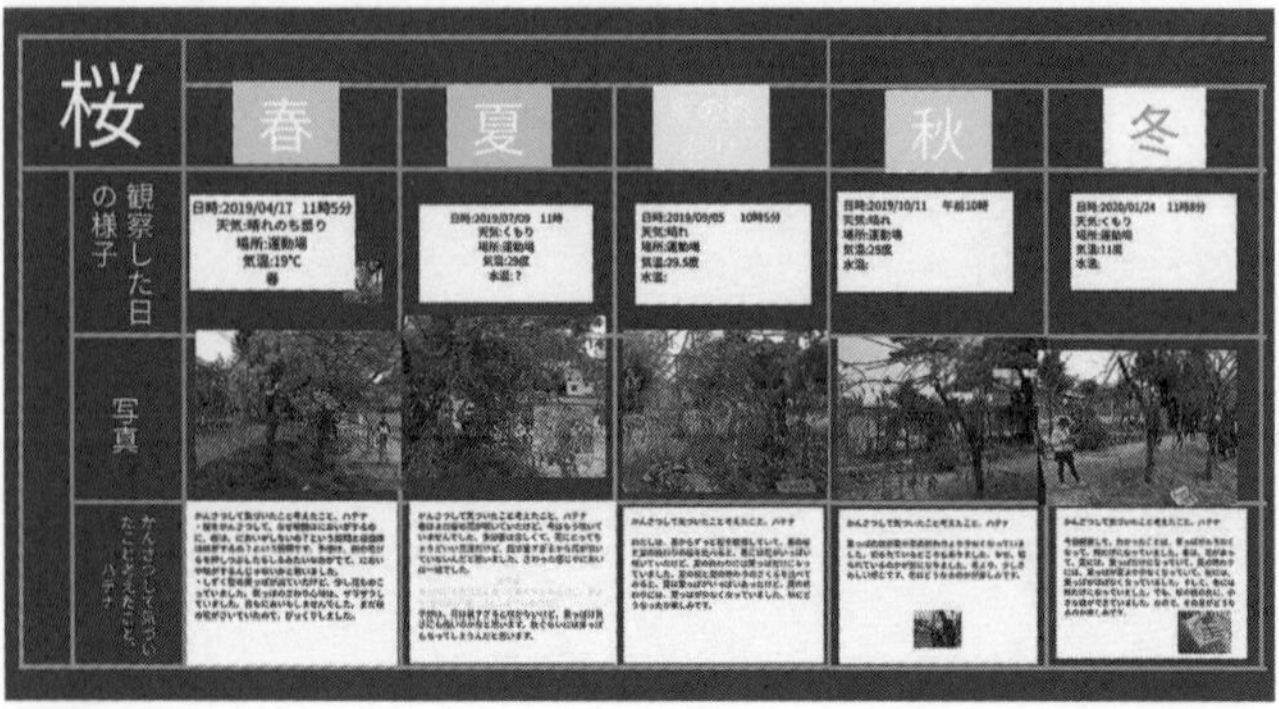

「できたら終わり」ではなくて、さらに学び続けます。

お互いに整理したものを見合いながら学び合う

一人ひとりの整理の仕方には個性が現れてきます。一人ひとりの頭の中を見ているようなものです。紙のノート整理でも同様だったと思いますが、それ以上に一人ひとりの個性の差が表れてきます。

こうした活用の仕方については、本校（京都教育大学附属桃山小学校）の長野健吉先生に教えてもらったことが多いです。最初は、ただ単に自分の考えた結果だけを共有していましたが、お互いの考えの整理の仕方や学習過程を共有するようになったことによって、さらに子どもたち同士がつながって学び合っていくことが可能になりました。

また、タブレットＰＣ等を活用することで、先生が子どもたちの考えをこれまで以上に把握することができるようになります。これまでであれば、一人ひとりのノートを集めたり、教室内を歩き回ったりしないと子どもたちの考えを知ることはできませんでした。しかし、今は手元のタブレットＰＣで全員の考えを一気に知ることができます。知ることができるからこそ、それぞれの考えをつないでいけるようになります。

ステップ3

学級経営

子どもたちの試行錯誤する姿を支える

自分たちでできることが増える

あらゆることが自分事になり互いのトラブルを解決していけるようになっていくと、自分たちでできることがさらに増えていくことでしょう。きっと先生が何かしなければいけない場面は少しずつ減ってくると思います。「うまくいっている」「うまくいっていない」ことのそれぞれを共に大事にし合える関係性が生まれてきます。子どもたち自身も満足できることが増えていきます。

ただし、うまくいっていることが増えたからといって、放っておいてよいわけではありません。むしろ、より細かに子どもたちの様子を観察しておく必要があります。うまくいっていない事はすごく目立ちます。それを指摘することや、受け止めながら解決に向けて支えることは簡単でしょう。肝心なのは、うまくいっているように見える時に、うまくいってないことを見つけることです。うまくいっているように見える時でも、子どもたち一人ひとりは、その状態での悩みを持っています。

また、何となく中だるみが起きる可能性だってあります。これも成長の過程ではすごく大事な時期となります。中だるみの時期をしっかりと受け止めることによって、次のステップにつなげていくことができます。よくやってしまうのは、この中だるみの時期に、「なぜ今までできていたのに」とまたむやみやたらに口出しをしてしまうことです。こうすると一気に子どもたちの熱が冷めてしまいます。「中だるみの時期をこえた後に、さらなる成長が待っているのだ」と理解できると、またぐっと子どもたちのことを受け止められるようになります。

多くの人が個性を活かせるように

子どもたちには、誰にも一人ひとりキラリと輝くものがあります。絵を書くことが得意な子もいれば、算数が得意な子もいます。人に優しくすることが得意な子もいれば、リーダーシップを発揮することが得意な子もいます。

しかし、テストで言えば点数が高い子、グループでの話し合いで言えば、話がうまい子が目立ちます。点数にならない学力や人の話をよく聴く力も大事なはずなのに、こうした力はあまり目立ちません。

自分たちでできることが増えてきた時期には、よく目立つ子ばかりが注目を浴びる可能性もあります。なぜなら、一見そうした子のおかげで学級がうまくいくように見えるからです。こうなると、注目を浴びない子はどんどんやる気がなくなってしまいます。

そこで先生は、一人ひとりの違いに目を向け、テストの点数やリーダーシップなどの目立つ力だけでなく、一人ひとりが持っている良さを受け止めて、きちんと価値付けていくことが必要になります。お互いの良さを理解し合えるようにすることによって、一人ひとりの良さが集まって学級が成り立っていることを子どもたち自身が理解することができます。

また、先生からそれぞれの得意分野が活かされるような場をつくることによって、これまで以上にあらゆる場面で様々な子が自分の特性を活かすことができるようになるでしょう。

例えば、人の話をしっかりと聴く子にファシリテートを任せてみたり、絵を描くことが得意な子に学級通信のイラストをお願いしたりします。自分から「こうしたい」と言わない子には、先生からこうした場をつくることによって、自分の良さを活かすことができるようにします。そうすると、周りからの見る目が変わるだけでなく、その子にとっての自己有用感が高まります。

子どもたちと共に進む

この時期になっても絶えず、「どうすれば…」ということを子どもたちと共に考えられる存在でありたいものです。共に悩むことを大事にしていると、子どもたちが次の学年で違う先生に出会ったとしても、またその先生と共に相談しながら考えていくことができるようになります。また、先生だけでなく、新たな友達とも一緒になってより良い環境をつくっていくことができるでしょう。

大事なのは、この学級にいた時だけうまくいくようにするのではなく、新しいメンバーや新しい環境でも、自分の生活をより良くしていくことができるようになることです。「若松先生の時はよかったな」となると、子どもたちはギャップに苦しんでしまいます。

そうならないために、子どもたちは少しずつ自分たちで自分たちの環境をより良くする手段を学んできました。ここで学んだことは、学校だけでなく、社会に出ても必要な力となるでしょう。

ステップ 3

学習課題

「問い」を活かした課題を子どもたち自身でつくる

自分たちで「問い」を絞る

子どもたちの中で「問い」が意識されていくと、自分(たち)の「問い」を中心に学習が進んでいくことを理解していきます。その良さも難しさも実感していることでしょう。こうなると、子どもたちは、これまでの経験を生かしながら「どんな問いを生かして学習を進めていけばよいか」を考えられるようになります

学習の始めに、「問い」が一番出やすくなります。なぜなら、その学習材との出会いになるからです。ここで生まれたお互いの「問い」を共有していくことで、「これは調べると考えられそう」だとか「これは教科書に載っているよ」…ということを自分たちで話し始めます。また、「すごく面白そうだなぁ」とか、「確かに気になるから解決していきたいな」というものも見つかってきます。こうして「問い」を共有することによって、自分たちで学習課題を考えられるようになってきます。

まずは自分で「問い」に向き合う

これまでは、先生が中心に学習を進めてきたかもしれません。しかし、ステップ③になると、子どもは、まずは自分が気になった「問い」に対して、これまでの学習経験を活かしながら自分で解決していきます。国語であれば、本文を何度も読んで言葉や文章に向き合ったり、理科であれば観察や実験を通したりしながら、自分の「問い」を解決していきます。

しかし、まだこの段階では「こういうことだろう」「こういうことが考えられる」といった自分の考えで終わっています。「もう解決した」と思う子もいれば「もっとモヤモヤした」と感じる子も出てきます。「問い」に対してしっかりと向き合った子ほど、自分の考えたことを「相手に伝えたい」という思いが高まってきますし、同時に「他の人はどんなふうに考えたのだろう」といった「相手の考えを聴きたい」いう思いも強くなります。

他者の問いと向き合う

「相手の考えを聴きたい」という思いが芽生えたことで、自分の考えたことと相手の考えたことを主体的に比べながら話し合っていくことができるでしょう。同じ「問い」をもとに考えた子同士での聴き合いであれば、同じ「問い」なのに違った視点で解決に向かったことから新たに学べることが出てきます。同じゴールにたどり着いた子もいれば、違うゴールにたどり着いた子もいて、そのズレから解決に向けての対話が自然と始まります。

また、違う「問い」で考えた子同士での聴き合いでは、同じ物事に対して違う見方で考えることによって、さらに解決できることが増えることに気づくことができます。「問い」はその子が物事をどのように見ているか、捉えているかと大きく関係しています。学習指導要領で明示されている「見方・考え方」とも大きくつながってきます。

一人では見えなかったものが、他者の見え方と出会うことによって新たに考えられることが増えていきます。最初は自分なりの見方（「問い」）で物事に向き合う時間を十分にとることによって、他者の見方との違いがよりはっきりして、そこからさらに学べることが増えるでしょう。

一人ひとりが大事にしていることが大事にされながら、「個」の学びが更新されていくような場をつくることによって、一人ひとりが自立的な学び手になっていきます。他者とのやりとりもその中で必要なものと位置づけられるようになります。

「問いを立てる」が次の学習につながる

「問い」をもとに学習することが当たり前になると、その時間だけで学習が終わらなくなります。学習を通して分かることが増えるのはもちろんですが、さらに分からないことやもっと考えたいことが増えていきます。

教科書に載っていることを中心にして学習することは当たり前です。しかし、教科書に書かれていることを越えて、もっと深く考えていくと教科書以上によく分からないことが出てくるのは当然のことです。

例えば、理科で地球環境問題のことを学んだ時に、実際に起きていることや解決に向けての動きについて理解して終わるのではなく、「もっと私たちにできることはないか」「他にも問題はないのか」といった「問い」が残ります。こうした「問い」を残しながら学習が進んでいくことによって、子どもたちは学習していることと実社会のつながりについても意識することができるようになるでしょう。「問い」がつながっていくことによって、探究的に学び続ける子を育てていくことにつながります。そうなれば「問い」を出す人としての先生はいらなくなってきます。

ステップ 3

話し合い

「話し合い」から「聴き合い」へシフトする

やっぱり「伝えたい」でいっぱいの子どもたち

ステップ②で「言い合い」から「話し合い」へとシフトしたからといって、いつも相手の意見をしっかりと聴き、自分の考えと比べて考えられるようになるとは限りません。やはり自分の考えを「伝えたい」思いでいっぱいになると、相手の考えを聴けない時がたくさん出てきます。

「なぜこうなってしまうのか」「まだまだ成長できていないなぁ」と悩んでしまうと思います。しかし、それだけ子どもたちは自分で考えにこだわりを持てるようになってきたという成長の姿でもあります。「伝えたい」という思いがなければ、やはり「聴きたい」という思いも生まれません。だからこそ、ステップ③の時期であっても「伝えたい」という一人ひとりの思いは失われないようにしていきたいものです。

「聴く」をさらに意識できるように

「問い」を意識して自分の考えを持てるようになると、その子なりのこだわりが出てきます。こだわりはもちろん大事なことなのですが、相手のこだわりも同時に大事にできるようにしたいものです。40頁にも書きましたが、根拠・論拠・主張をきちんと話せるようになってくると、互いの論拠を比べられるようになります。論拠に一人ひとりの事実に対する捉え方が見えてくるからです。同じ事実（根拠）でも人の捉え方によって主張が変わってきます。根拠だけを比べてみると見えなかったものが見えてくることでしょう。

論拠は一人ひとりのこれまでの経験によっても変わります。例えば、「一つの花」という戦争時の親子の姿を描いた文学教材があります。これは子どもの時に読むのと大人になってから読むのでは、読み方が大きく変わってきます。親になれば、さらに読み方も変わってくるかもしれません。

同じ文章を読んでいるのに、主張が違うということに対して、「そんなのありえない」と思う子が多いです。しかし、そこには何か理由があるのだと気づくことによって、より真実は何なのかということを共に考えていけるようになります。

「聴き合い」という言葉から

子どもたちに「『話し合い』から『聴き合い』にレベルアップできればさらにいいよね」と話すと、初めはきょとんとした顔つきになります。子どもたちにとっては「話し合い」という言葉のイメージの方が強いです。だから、「聴き合い」と言われても、最初は何のことかよく分からない子もいるでしょう。

でも、そこから少しずつ「『聴く』」という言葉が出てきているように、『話す』だけでなく『聴く』ことが大事なのだな」と意識することができます。また、経験を重ねるにつれて「聴く」っていうことが大事だなというイメージがさらに深まってきます。

これが「話し合い」という言葉のままだと、結局「聴く」ことについての意識が続きません。しかし、「聴き合い」という言葉を絶えず使うことによって、その意識を継続して持ち続けることができます。「どうして聴くことが大事なのだろう」と子どもたち自身が「問い」を持つことによって、より良い聴き合いの在り方についても共に考えていくことができるでしょう。

「聴きたい」が深い学びにつながる

「聴き合い」に関する、子どものふり返りを紹介します。「聴く」ことがどうして大事なのかということについてじっくりと考えています。

> 四年生になって成長したことは、他の人の感じ方や自分の意見に相手がどう思っているかといった「人の意見を聴く力」です。三年生までは自分の意見ばっかりを言って、人の意見を聴かずに質問攻めにしていたけど、四年生では他の人の意見も聴いてそこから議論できるようになったから成長したんじゃないかなと思います。（中略）自分の考えと共に他の人の意見も聴くと、さらに考えていることや思っていることが広がって、意識も広がってより知恵として頭の中に入るんじゃないかなと思います。

聴くことを大切にすると、「深い理解につながる」「新たな考えを発見できる」ということに子どもたち自身が気づくことがやはり大事になります。自分が実感したことはずっと大事にしていこうとするでしょう。

ステップ 3

子どもたちだけで学び合うスキルを高めていく

ペア・グループ学習

ペアやグループで学び合う価値を実感する

ペアやグループで話し合う機会が増えてくれば増えてくるほど、そこでの話し合いの仕方についても子どもたちが考えられるようになっていきます。最初は、一分ぐらいしか話し合えなかった子どもたちも、徐々に「もういいですか」とこちらから声をかけなければならないほど、自分たちでどんどん話し合うようになります。

子どもたちに「どうしてこんなに話し合えるようになったの」と問うと、単純に「楽しいから」「他の人の意見を聴くのが面白いから」という意見もあれば、「安心できるようになったから」「考えがより深まるから」という意見もありました。子どもたち自身がペアやグループで学び合うことに関して価値を見出すことによって、どんどんより良い学び合いへと変化していきます。

ホワイトボードを使って

グループやペアで話し合う際に、ホワイトボードを活用して、お互いの考えを可視化することができるようになれば、自分たちで行う「聴き合い」をさらに質の高いものにすることができます。

学級には2〜3人用、4〜6人用のホワイトボードを用意しています。最初はホワイトボードに何を書いていいのか分からないかもしれません。しかし、自分たちの考えをどんどん書き出したり、先生が普段ホワイトボードに書いていることを真似したりしながら、少しずつ考えの整理の仕方を見つけていくことができます。

「グループでどんなことを聴き合ったの」と聞かれた際にも、ホワイトボードを見れば自分たちが聴き合ったことや考えを深めたことを確認することができます。よりお互いが話した言葉を大切にしながら考えを聴き合っ

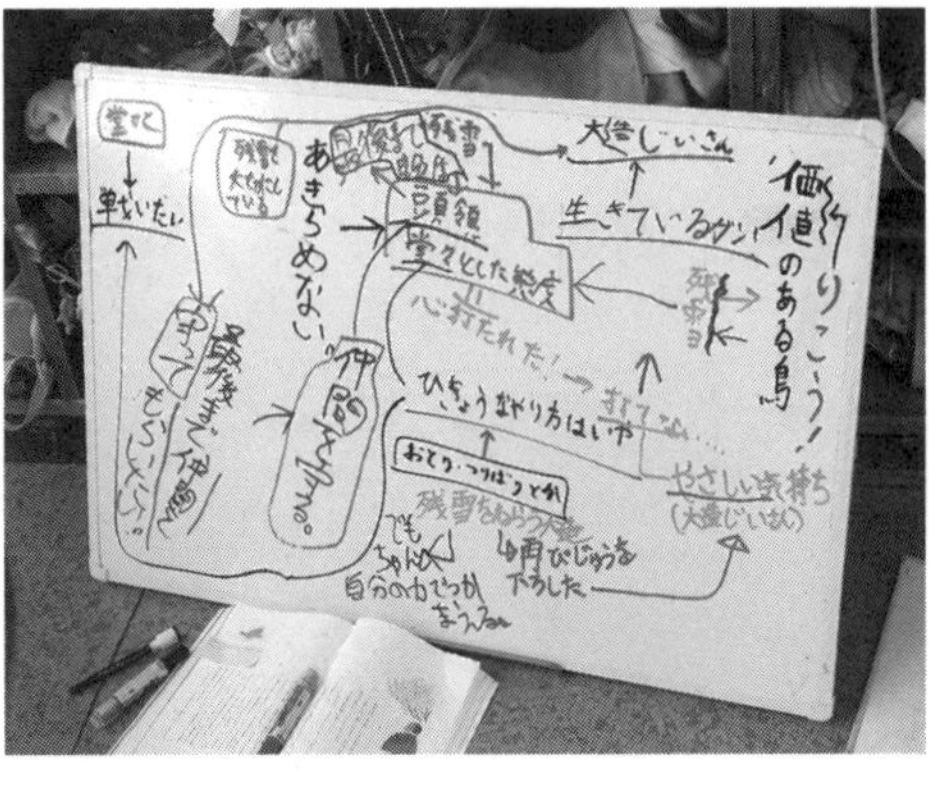

ていくことができるようになります。

誰かだけが目立たないように

ペアやグループで学び合う場面において、ステップ①②と経験を重ねるにつれて、どんどん自分たちだけでできることが増えてきています。しかし、その中で全ての子が同様に参加できるようになるわけではなく、やはり目立つ子が出てきます。

それは決して悪いことではありません。その子なりに「頑張ろう」としていることなので、きちんと支えていきたいものです。ただ、このような状況をそのまま放っておくと、あまり自分から積極的に周りの子に関われない子は、「その子に任しておけばいいや」という思いを持ってしまいます。

ペアやグループで聴き合いを始める時に、いつも自分から話し始めたがる子がいると思います。また、いつも最後になってしまう子もいるでしょう。もしかすると、最後まで話さないまま終わるということもあるかもしれません。そんな風に「誰か」に偏らないようにするために、先生から「今日はこの人から話し始めましょう」という場を意識的につくっていきます。そうすることで、「誰かが目立ったまま」という状況をなくしていきます。

こんなことをくり返していると、ペアやグループで考えを聴き合う際に、誰かだけが話し続けるのではなく、なかなか自分の意見を言い出しにくい子に「あなたはどう思うの」とたずねる子が出てきます。こうした言葉がペアやグループで話し合う際には非常に大切になります。

足りないから助け合う

子どもたちとよく、植松電機代表取締役の植松努さんがＴＥＤでプレゼンテーションをしている動画を見ます。そこでは、植松さんが「足りないから助け合う」というお話をされていました。私も、「まさにそうだな」と思います。二人でも四人でも、三十五人でも、お互いの考えていることには足りないところがあるからこそ、考えを聴き合うことが大切になります。「自分で何でもできる」と思ったり、「できないことはダメなことだ」と考え込んでしまったりすると、共に学び合うことは成立しません。

「足りないから助け合う」のだという意識を子どもたち自身が持つことによって、温かい雰囲気で学び合うことが可能になるでしょう。自分たちで学び合う場が増えていけばいくほど、こうした心持ちをお互いに持てるようにしていきたいものです。

ステップ
3

表明した意見を子どもたち自身でつなげる

ファシリテート

先生がつなげると、子ども同士もつながるように

ステップ②で子どもたち同士がつながるように意識してファシリテートすることによって、子どもたち同士もお互いに自分たちでつながることを意識するようになっていきます。この時期になると、全体で考えを聴き合う際には、先生から子どもたちを指名するだけでなく、お互いに指名し合うことも取り入れるようにします。子どもたちの意見と意見の間に先生が入る事を少しずつ減らしていくためです。

ただ、簡単に相互指名ができるようになるわけではありません。子どもたちが相互指名している様子を観ていると、最初はやはり自分にとって仲が良い子を当てる傾向になりやすいです。「当てて」といった子がたくさんいる中で、「誰を当てれば良いか」といった基準を持っていません。そうなると、やはり日頃から仲良くしている子を当てたがるのは必然的です。もちろん、このままでいいはずがありません。だからと言って「仲良しばかり

を当てないようにしましょう」というのも変な話です。せっかく相互指名をしているにもかかわらず、先生の顔色をうかがわなくてはならなくなります。

そこで、「どうすれば自分たちでより良い話し合いができるかな」ということを問いかけ、共に考えられるようにします。すると、子どもたちは、「今のままでは良くない」ことに気づきます。より良い話し合いについて考える過程で、どうすれば良いのかを一人ひとりが意識するようになります。

意思を表すグーチョキパー

以前、私が受け持った学級ではこうした課題を解決するために、「発言している人と同じ意見なのか、違う意見なのか、迷っているのかといったことを意思表示できるようにするのが良いのではないか」という考えが出ました。一人ひとりがどんな立場にいるのかが分かるようなサインがあると、基準を持って相互指名できるということです。

きっと、これまでの学級で経験したこともあるのだと思いま

↓似ている考え
↓違う考え
↓迷っている

す。私も昔は取り入れたことがありました。でも形式的に取り入れても結局はうまくいかないことも多かったので、自分から「こうしましょう」ということはしていませんでした。しかし、今回は子どもたちがそういったことを考え、「大事にしよう」という思いを持った結果、このハンドサインの仕組みはずっと続いていくことになりました。

現在の受け持っている学級では、このハンドサインを使っていません。これは一つの良い手段だと思いますが、決して絶対的なものでもありません。「こうすればうまくいく」という方法があるのではなく、子どもたち自身が「こうすれば良いのではないか」と見つけていくことが大事になります。相互指名では、その時の自分の判断に委ねられます。だからこそ自分の意識の根っこに「より良い話し合いにしよう」といったものがないと咄嗟の判断につながりません。

歩き回ってどんどんつながる

お互いの考えがつながり合うように、歩き回って考えを聴き合う場面も多く設定します。近くに座っているペアやグループで話し合うだけでなく、学級の他の人と考えを聴き合うことによって、より自分の考えの視野が広がっていきます。

ステップ①で示したように、ネームカードでお互いがどんなことを考えているかがはっきりしていると、「自分と同じ考えの人と話したいな」「あの人は何でこんなことを考えているのだろう」と、自分で判断しながら話を聴きたい相手を見つけやすくなります。

ただ、最初は、日頃から仲良い人と話し合っていくことが多いでしょう。なぜなら安心して自分の話を伝えられるからです。そこから少しずつ自分の考えを伝えられる人を広げていきます。

「自分から他者と考えをつなげていく」という経験を大切にすることで、また自分たちで学び合う際にも、積極的に互いに関わりあっていこうとします。先生のファシリテートをもとにして、共に学び合う雰囲気が徐々につくられるようになると、こうした雰囲気を次第に大事にしようとする思いが芽生えてきます。子どもたち同士で考えをつなぐということは簡単なことではありません。だからこそ、奥底に「一緒に考えたい」「一緒に理解したい」「さらに深く学んでいきたい」といった思いがあることが大事になります。これが他人事のままだと、互いにつながり合うことなんて永遠に無理でしょう。自分事の学びであり、共に学ぶことの価値を互いに感じているからこそ、こうした学び方を更新させていくことができます。

ステップ
3

ふり返り

ふり返りの視点を絞る

自分のこだわりが出るように

初めは、先生から「こんなことを書きましょう」「このことを中心にふり返ることができるといいね」ということの話題を出していました。しかし、ステップ③になれば、自分でふり返るテーマを設定していきたいものです。そこに自分のこだわりが出てくるからです。もちろん、テーマを設定することはなかなか簡単なことではありません。だからこそ最初は選べるようにします。でも徐々に自分で見つけていけるようにしたいです。

例えば、国語の文学教材での話し合い後のふり返りでは、最初はただ単に気づいたことや考えたこと、さらに気になったことといった大枠がありました。けれども、その中でさらに視点を絞って、「自分の気になっている『問い』の解決について」や「最後の一文から考えられることについて」など、自分でテーマを見つけられるようになると、ふり返りでまたじっくりと考えていくことができるようになります。

きっとこれらは、自分が気になっていて解決したいこととつながってくると思います。学習することが自分事になればなるほど、自分の中でその一時間のめあてが生まれます。そのめあてをもとにして、「今日の学びはどうだったか」「何が明らかになったのか」ということを考えるようになるでしょう。

「ふり返り」をふり返る

これはステップ③に限ったことではありませんが、「ふり返り」をふり返るという場を適宜設けています。何となくふり返ることが続いていくと、どこかで「まぁこれぐらいのことを書いておけばいいや」「こんなことを書けばいいかな」という気持ちも芽生えてくるのが、人間の正直な気持ちだと思います。だらだらと続けてしまう子も多いでしょう。それは大人でも同じだと思います。

だからこそ、自分の「ふり返り」について一度ふり返る機会を設けます。そうすると「もう少しここは具体的に書いた方が良いのではないか」とか「うまくいってないことばかり書いているけど、うまくいったこともきちんと書き残しておきたい」といったことを考えます。

子どもたちのふり返りを読んでいると、「もっとこんなことが書けるようになればいいのになぁ」と思うことが多くあると思います。だからといって、「こう書きましょう」と伝えても、子どもたちは先生が願う正解を探すようになってしまいます。そうなると本当に子どもたちの成長につながるふり返りにはなりません。そこで、自分自身で「もっとこうしよう」と考え、ふり返りを進化させたことが成長につながることを実感できるような場を定期的に設けていくことが大切になります。

目的が明確になると変化をさらに感じる

自分で視点を絞ってふり返ることができ、自分のふり返りを見つめられるようにもなると、子どもたちにとってふり返ることの目的がさらに明確化していきます。「ふり返る」ことが大事だということを実感できるようになります。

大人でも同じではないでしょうか。先生として、大事なスキルを数多く学んでいくことも必要かもしれません。しかし、やはり最後はふり返りしかありません。「次はもっとこうしよう」と考えられることによって、新たにチャレンジしたいことが生まれます。その中でも「もっと子どもたちの声が聴けるようになりたい」とか「板書が上手くなりたい」

という自分の目的がはっきりとすればするほど、それについて重点的にふり返ることができます。さらにそこでの変化も自分で感じていくことができます。

「ふり返ることは良いことだ」と「ふり返らなければならない」とでは、どちらが子どもたちのためになるでしょうか。もちろん前者ですよね。自分の成長につながっているということを子どもたち自身が実感できるようになれば、そこに先生の手立ては必要なくなります。

「意識が変われば行動が変わる、行動が変われば習慣が変わる…人生が変わる」という言葉があります。そのスタートである「意識が変わる」ことをそっと後押ししてあげることによって、子どもたちは大きく変化していきます。

試行錯誤のサイクルの途中でつまずくことや立ち止まってしまうことがあるかもしれません。そこで先生が支えていければ良いのです。ただし、それも先生である必要はありません。最終的にはそこを支えるのが子どもたちであってほしいものです。お互いの成長のサイクルを互いに支え合う関係になれば、先生が必要なくなってくるでしょう。

ステップ 3

ICT活用

ICTを子ども自身で選択しながら活用する

ICT機器は便利だけど…

スマートフォン・タブレットPCなどは私たちの生活に欠かせないものとなりました。世界中のニュースを確認したり、友達や家族と連絡をしたり、好きな音楽を聴いたり…と、一日の中で「一切使わない」という人はいないのではないでしょうか。便利すぎるので、「もし、なくなったらどうなるか」と考えただけで大変なことになる人がいるかもしれません。

ステップ①②でも、ＩＣＴ機器については、「便利である」「簡単に使える」という話をしてきました。もちろんその通りなのですが、便利だからといって盲目的に使用していくと、その便利さに頼り切りになってしまう恐れもあります。常に、自分にとって最適な状況をつくってくれることにより、気づいたら常に受け身でいる自分になってしまっているかもしれません。

アナログの良さって？

タブレットＰＣ上で文字を打つことと、実際に紙に文字を書くことの違いは何でしょうか。タブレットＰＣ上で文字を打っていくと、簡単に消して打ち直しすることもできるので、試行錯誤できるという良さについては述べてきました。

それでは、鉛筆で文字を書く際には簡単に修正できないので良くないのか、と言われれば「そうではない」と思います。何度も間違えた跡が残っていることによって、新たな考えが更新されるということもあるかもしれません。また、同じ言葉（学校）を書くにしても、手書きならば直接「学校」と書けるのに対して、タブレットＰＣなどでは「gakkou」と打った上で、さらに漢字変換をしなければなりません。思考回路としてはより複雑になってしまいます。

私が小さい頃には、紙のノートに書くのが当たり前でした。パソコンなどはそこまで普及していなかったので、ＩＣＴ機器を活用して学習することに関しては自分自身の経験がありません。だからこそ、今は積極的にその良さを理解しようとしています。

こうすることで、生まれた時からタブレットＰＣやスマートフォンがある子たちに必要な環境づくりを考えることができます。ＩＣＴ機器が便利だからと言ってそればかりを活用していくのではなく、アナログ、デジタルそれぞれの良さをきちんと受け止めていきたいです。

これからさらにＩＣＴ機器が増え、子どもたちがこれまで経験していないことと出会ったとしても、自分自身でより良い道を選択していけるようになってほしいなと思っています。だからこそ、現在ある様々な選択肢の中から、自分にとってより良いものを自分で判断できるようにすることを大切にしたいです。

どうすれば選べる？

アナログ、デジタルの使い分けだけでなく、ＩＣＴ機器内のアプリも同じです。情報を操作するのが得意なものもあれば、きれいに整理することが得意なものがあります。また考えを共有するのが得意なものもあるでしょう。先生がいつも「このアプリを使いましょう」と言い過ぎると、子どもたちは判断することができなくなってしまいます。

アナログの文具でも同じですよね。赤ペンを使うのか鉛筆を使うのか、蛍光ペンを使うのか…といったことは、先生に言われたままのことを行っていては、どういう時にそれを使えば良いのかを見つけることができません。状況に応じて自分で判断して使えるようになることが大切です。

きっと十年後にはもっとすごいＩＣＴ機器が発明されていることでしょう。自分で判断し、自分にとってより良いものを活用するという力を育てていかないと、ＩＣＴ機器が更新された時にうまくいかなくなってしまいます。そのためにも、自分で判断する機会をたくさん持ち、その結果どうだったかという経験を大事にしたいものです。

このように学んでいくと、六年生になれば様々な活用法を自分で選ぶことができるようになります。自分で考えたことを、プレゼンテーションに整理する子もいれば、文書作成アプリでレポート形式に整理する子、手書きで新聞をつくってまとめる子など、実に様々です。何となく便利そうなアプリを、何も考えずに使っていくのではなく、自分から積極的に使いこなす子になります。

ＩＣＴ機器の活用方法を自分たちで選んでいけるようになると、先生の「こうしなさい」「こうしましょう」も減っていきます。むしろ先生をどんどん乗り越えるＩＣＴ機器の使い手となっていくでしょう。

第3章

「教師のいらない授業」実況中継！

実況中継 1

国語

時数 12時間　学年 4年

教材 「ごんぎつね」

一人ひとりが「問い」を出す（1時間目）

まずは、子どもたち一人ひとりが初めて読んだ感想を書き表します。

感想とは、主に

- ・感じたこと
- ・考えたこと
- ・興味を持ったこと
- ・気になったこと
- ・友達と一緒に読み深めたいこと

…といったものです。言葉や文章と出会って率直に感じたことや考えたことを書き表すことによって、じっくりと読んでいくことができます。その際に、これから読み深めていきたいテーマ（「問い」）も見つけていきます。

子どもたちからは、

・ごんはなぜ兵十のお母さんの死んだのが「うなぎを食べたい」と言いながら死んだと予想したのか
・なぜごんは急に優しくなったのか
・ごんをうってしまった時の兵十の気持ちは
・各場面でごんの心情はどのように変化しているか、またそのきっかけは
・「青いけむりが、まだつつ口から細く出ていました」が表していることは、どういうことだろう
・「つぐない」とはどういう意味か
・「ごんぎつね」はいつの時代の話なのか
・起承転結はどうなっているか

・兵十はなぜ火縄銃をすぐにうったのか
・ごんは同じ動物に友達はいないのか

…といった「問い」が出ました。その子なりの読み方、言葉の捉え方が見られる「問い」ばかりです。やはり、いきなり物語の主題に迫るような「問い」を出す子は少ないです。これまでの物語の学習でも考えたことがある「心情の変化は」「主人公は誰か」といったことが気になるようでした。

point

まずは子どもたち一人ひとりが「こう読んだ」というものを大切にします。こうすることで、他者に「私はこう読んだ」と伝えたくなったり、「他の人はどう読んだのだろう」と考えを聴きたくなったりします。ここから、自分の考えと他者の考えを比べながら、自分の読みを更新させていくことができるようになります。

感想時には、気づいたことや考えたことだけでなく、「問い」についても考えられるように声かけしています。「問い」を意識することで、言葉や文章にこだわることができます。おそらく、何となく「読めたつもり」で終わってしまうことも、「問い」を持つことによって、さらに読み深めようとすることにつながるでしょう。

　また、こうして一人ひとりがじっくりと自分の考えを書き表すことによって、先生として子どもたち一人ひとりの読みを把握することができます。「この言葉に着目できているのか」「ここは少し読み違えているのかもしれない」「こんなことが気になっているのだな」と、一人ひとりの思いを受け止めます。ここから、どのようにして子どもたちをつないで作品の主題に迫っていくかを考えていくことができます。タブレットＰＣを活用すれば、一気に把握することが可能です。

「問い」を発散させて追究課題を決める（２時間目）

　次に、四人組（先生が意図的に決めたグループ）で「自分は、どう読んだのか」を聴き合います。ここでは、いきなり互いの「問い」について考えるのではなく、物語を読んで考えたことや感じたことを共有していきます。子どもたちは、聴き合いを通して「確かに、この言葉に注目すると面白いな」「ここに感動するなぁ」と、言葉や文章から感じられることを広げていきます。

その後、お互いの「問い」を共有すると、どのグループでも自然と議論が始まりました。物語全体を把握するものや、教科書に書かれていることで解決するものに関しては、自分たちで収束させていきます。また、本文に書かれていることを根拠にして考えられないものに関しても、自分たちで「これは考えるのは面白いけど、議論はできない」と結論づけていきます。

グループで互いに感想を聴き合ったり、「問い」をもとに議論したりした後には、「これから読み深めていく『問い』」について考えます。子どもたち一人ひとりの言葉に対する見方・考え方が違うので、「これが読み深める『問い』」「こんな『問い』をもとに考えていくと面白そう」というものには違いが見られました。こうしたお互いのズレから、ここでもどのグループでも自然と議論が始まりました。

ただ単に「問い」を選ぶ議論で終わりません。「その『問い』に対して、（自分は）どう考えるのか」という議論が始まります。そこで改めて本文を読み直すことによって解決した「問い」、また、お互いの考えが広がらなかった「問い」に関しては、「これから読み深めていく『問い』」には残りません。

一方で、自分たちだけでは解決できなかったり、もっと他の人はどんな考えを持っているのかを知りたかったりするようなものが、みんなで考えていきたい「問い」として残りました。

みんなで読み深めたい「問い」として、

・ごんはなぜ兵十のお母さんの死んだのが「うなぎを食べたい」と言いながら死んだと予想したのか
・なぜごんは急に優しくなったのか
・ごんをうってしまった時の兵十の気持ちは
・各場面でごんの心情はどのように変化しているか、またそのきっかけは
・「青いけむりが、まだつつ口から細く出ていました」が表していることは、どういうことだろう

…といったものが残りました。

ここから一人ひとりが「自分が解決したい『問い』」を選びます。

point

子どもたちが考えを聴き合うグループは、教師が意図的につくっています。「何となく」のグループで、自然と話し合いが始まるわけではありません。子どもたちの初発の感想を読むと、子どもたちがどのように言葉や文章を捉えているかを知ることができます。同じ視点で文章を捉えている子ばかりを同じグループにしても、互いの視点は広がりません。異なる視点で文章を捉えている子同士を同じグループにすることによって、互いの視点の良さに触れて、自然と言葉や文章の捉え方が広がっていきます。お互いのズレから議論も始まるでしょう。

このようにグループ分けをしておくと、互いに発散した「問い」を子どもたちだけで収束させやすくなっていきます。ただ、子どもたちの中には、自分たちのグループでの収束について納得いかない子も出てきます。だからこそ、最後は自分で読み深める「問い」について選べるようにしています。自分のグループでは自分の考えた「問い」について理解されなかったけど、他のグループだったら理解されることだってあります。納得のいかない収束で自分が考えなければならないことを決められるのであれば、その子のモチベーションは下がってしまいます。

一人で読み深める（3時間目）

前時に決めた「自分が読み深めたい『問い』」をもとに、まずはじっくりと一人で読み進めます。

タブレットPCを活用して、ただひたすら自分の考えを書き進める子もいれば、言葉や図を使いながら考えを整理する子もいます。また、タブレットPCを使わずに紙のノート上に考えを整理する子もいました。

自分が「読み深めたい」と思った「問い」なので、何度も言葉や文章と向き合いながら、こだわって読み進める姿が見られます。この時間は、他の友達と相談することもしません。

「あまり考えても読みが広がらなかったな」

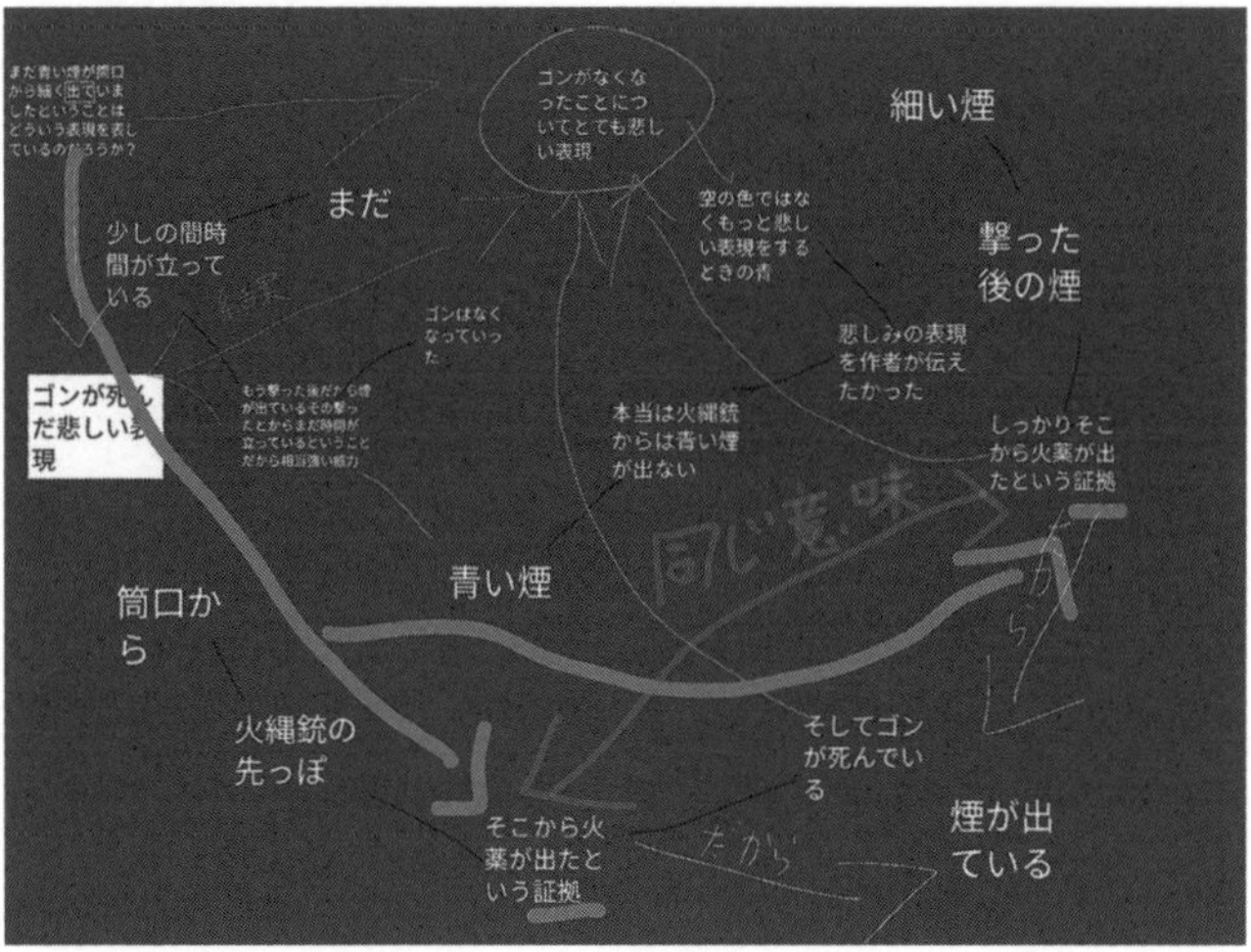

と感じた子は、途中から違う「問い」について考えていきます。決して、最初に決めた「問い」を考えなければならないわけではありません。ここで感じたことは、また「問い」を考える基準を豊かにすることにもつながっていきます。

point

じっくりと一人で言葉や文章に向き合う時間を確保することによって、自分なりの視点で「ごんぎつね」を読み深めることができます。この時間があるからこそ、「伝えたい」「聴きたい」も生まれると同時に、聴き合うことで自分の読みを更新させていくことができます。

また、「問い」に対して、ただ単に自分の考えを主張するだけでなく、「どの文章を」（根拠）「どのように（私は）読んで」（論拠）を大切にして、「こう考える」（主張）と言えるようにしています。こうすることで、互いの考えを聴き合う際にも、「根拠」「論拠」「主張」を大切にしようとします。放っておくと、言葉や文章を大切にせずに、どんどん妄想での聴き合いが始まってしまいます。言葉や文章に立ち返り、「どのように捉えて」（論拠）を大切にすることで共に読み深められるということを実感できるようにしています。

話題を絞りながら学習の大事な「問い」へ（4～11時間目）

　まずは、同じ「問い」で読み進めた子同士を同じグループにして、互いの考えを聴き合います。同じ「問い」だからこそ、「私はこう考えたけど、他の人はどう考えただろう」ということが気になります。自然と、自分と相手の考えを比べながら聴き合って読み深めていきます。

　例えば、「ごんの心情の変化」について考えを聴き合っていたグループでは、

「確かにここでもごんの思いが変わってきているな」「ごんの思いはどうして伝わらないのだろう」「『つぐない』では無くなってきているのかもしれない」

…と視点をどんどん広げていきました。

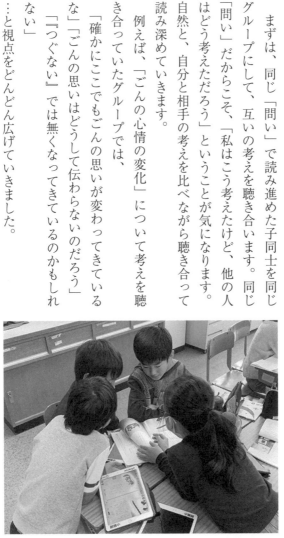

次に、これまで違う「問い」をもとに読み進めた子同士を同じグループにして、「どう読んだのか」という考えを聴き合えるようにしました。これまで違う視点で物語を捉えていた子同士がお互いの考えを聴き合うため、聴き合いを通して物語に対しての見方をさらに広げていきます。

これまでは、「自分の読み深める『問い』」が固定化されていましたが、ここから「問い」が少しずつ焦点化されてきて、

（A）各場面でごんの心情はどのように変化しているか。またそのきっかけは？

（B）「青いけむりが、まだつつ口から細く出ていました」が表していることは、どういうことだろう。

の2つに絞られました。どちらもクライマックス場面のことが気になったようです。その際に、ごんの視点に寄り添ってクライマックス場面のことが気になっている子（A）と、兵十の視点に寄り添ってクライマックス場面のことが気になっている子（B）に分かれました。

最初は一人ひとりの「問い」が違っていても、少しずつ作品のクライマックスや主題に関するものに自然と焦点化されていきます。考えを聴き合う中で、互いの意見が分かれたり、もっと他の人の考えが気になったりしたようです。

最終的には、子どもたちの「問い」は下の図のように、

・ごんと兵十は通じ合ったのか
・作者は、どうしてこんな終わり方にしたのか

に収束していきました。

これまで読み深めてきたことを活かしながら、それぞれの「問い」に対する自分の考えを明らかにしていきました。

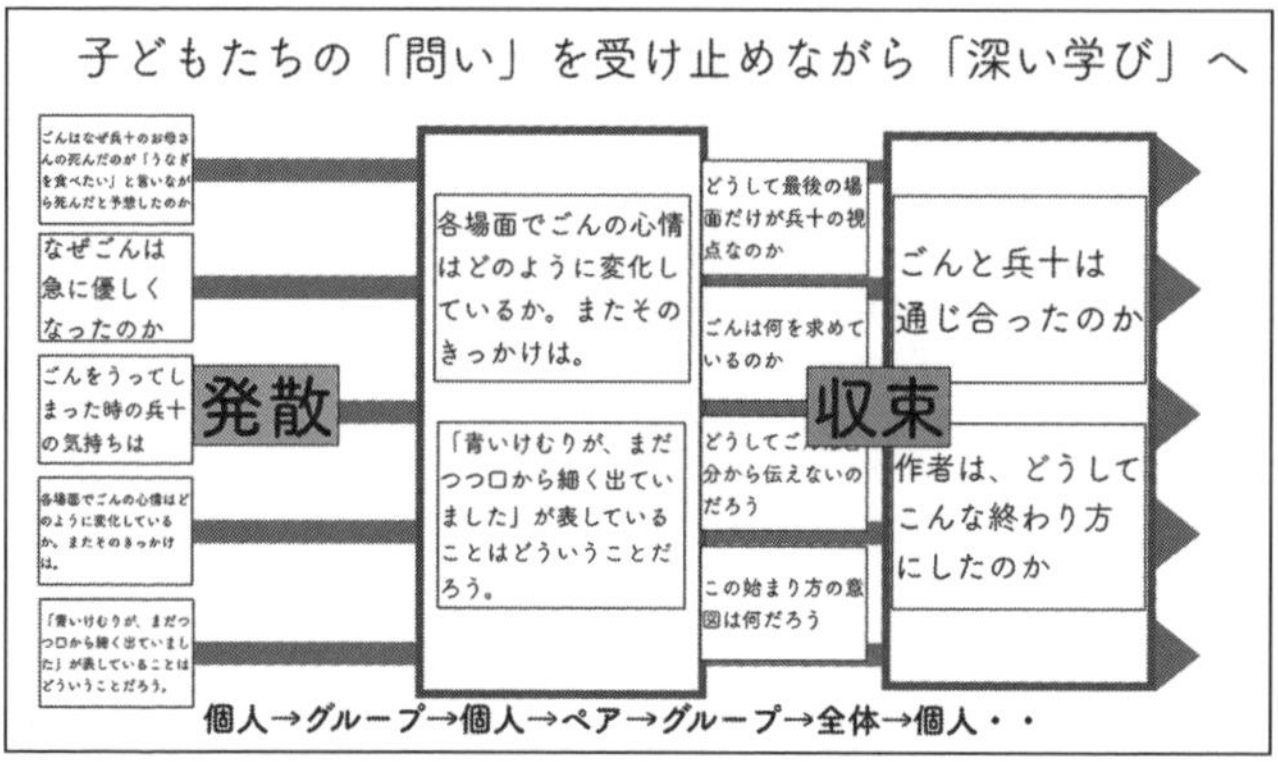
子どもたちの「問い」を受け止めながら「深い学び」へ
ごんはなぜ兵十のお母さんの死んだのが「うなぎを食べたい」と言いながら死んだと予想したのか
なぜごんは急に優しくなったのか
ごんをうってしまった時の兵十の気持ちは
各場面でごんの心情はどのように変化しているか。またそのきっかけは。
「青いけむりが、まだつつ口から細く出ていました」が表していることはどういうことだろう。
発散
各場面でごんの心情はどのように変化しているか。またそのきっかけは。
「青いけむりが、まだつつ口から細く出ていました」が表していることはどういうことだろう。
どうして最後の場面だけが兵十の視点なのか
ごんは何を求めているのか
どうしてご
分から伝えないのだろう
この始まり方の意図は何だろう
収束
ごんと兵十は通じ合ったのか
作者は、どうしてこんな終わり方にしたのか
個人→グループ→個人→ペア→グループ→全体→個人・・

point

子どもたちの「問い」が勝手に収束したわけではありません。ここでも、子どもたちが「どう読んでいるか」「どのような言葉や文章に着目しているか」を受け止めた上で、子どもたちのグループ分けや、お互いの中で話題に挙がっていることの整理をしていきました。こうすることで、子どもたち自身が収束していくことを支えていきました。

また、「グループで考えを聴き合ったら終わり」ではなく、たえず一人でふり返ったり、さらに読み深めたりする時間をつくっています。あくまでも、一人ひとりが読み深めていくことを更新していく場をつくっています。「個」の時間を十分に確保することによって、また他者と聴き合う時間が充実したものになります。「もっと考えたい」「もっと他の人の考えが聴きたい」もここから生まれます。

子どもたちが最初に持っていた「問い」は、段々と「作品の主

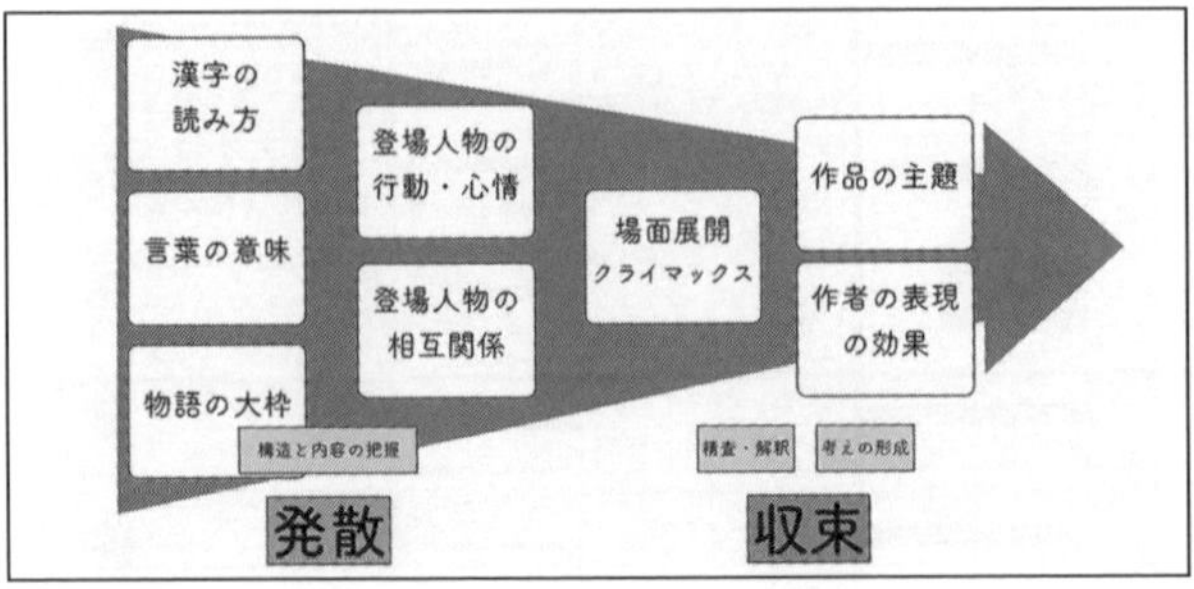

題」「作者の表現の工夫」に関するものに収束されていきました。最初に自分が気になった「問い」について考えたことを発散する場面をつくったことで、「このように読まなければならない」というものが無くなり、子どもたち自身が興味を持って読み進められたようです。また、その過程で「構造と内容の把握」に関するものに関しては自分たちで解決していくことができました。

また、「精査・解釈」「考えの形成」に関する「問い」をもとにした学習場面では、一人ひとりに違いが表れるからこそ、より議論が活発になりました。最初から最後までずっと同じことを考え続けていても読みは深まりませんが、一人ひとり読み進めてきた視点が異なり、それぞれの読みが重なるような場をつくることによって、様々な視点で物語や言葉を何度も捉え直していくことができました。

「問い」を立てることをふり返る（12時間目）

最初に自分が読み深めようとした「問い」と、最終的に考え続けた「問い」を比べて、「どんな『問い』が物語を読み深めることにつながるのか」というテーマで自分の考えを表現します。次の文章は、その一例です。

私が思う物語を読み深められるハテナは、物語についてよく知り、自分の考えがたくさん出てくるハテナだと思います。たとえばごんぎつねだと、青いけむりがつつ口から細く出ていました。というところの表していることはなんだろう。というハテナが出ました。私は、このハテナを話し合っていく中で、ごんの気持ち、兵十の気持ち、作者の人の工夫や伝えたいこともわかりました。このハテナのようにたくさんの考えが出てきたり、作者の人の工夫まで知れるのが私の物語を読み深めるハテナです。でもいいハテナを見つけるのはむずかしいです。でも友達とたくさん話し合っていく中でとてもいいハテナが見つけられたと思います。他にも何回もきになるところを見ていったり、1行、1行をゆっくり見ていくと自分が一番気になることが出てくると思います。それに友達の意見をたくさん聞いてその意見について考えていけばたくさんのいいハテナが思いうかんでくると私は思います。まとめると、私が思う読み深めるハテナを考えるコツは、お話をよく読んできになるところをたくさん見つけて、友達のいい意見や考えをよく聞き質問したりすることで物語を読み深められるいいハテナが見つかると思います。

「問い」をもとに読み進めて、うまくいったこともあれば、そうでなかったこともあったに違いありません。これまでの学習をじっくりとふり返りながら、「問い」について見つめ直していきました。

「いいハテナ」「考えるハテナ」「読み深めるハテナ」と、子どもたちによって表現の仕方は異なります。ただ、言葉に着目すればするほど「問い」が見つかることや、仲間と考えを聴き合うことで「問い」が広がることを理解していきました。

実況中継
2

道徳

時数 1時間　学年 6年
教材 「手品師」

資料を読むと「問い」が生まれる（8分間）

「手品師」とは、昔からよく読まれている道徳資料です。売れない手品師が男の子に手品を見せる約束をした後、友人から同じ日に大舞台のマジックショーへの出演依頼を持ちかけられます。手品師は、男の子との約束をとるか、自分の夢につながるマジックショーへの出演をとるかで悩みます。結局は、マジックショーへの出演を断り、男の子に手品を見せる方を選択します。自分にとって大切なことは何か、決心するまでの葛藤を感じ取ることができる資料です。

まずは、先生による範読後、子どもたちは、一人ひとり自分の感じたことや考えたこと、気になったことをタブレットPC上に表現します。5分間、じっくりと資料に書かれていることに向き合います。5分間では足らないくらい、子どもたちはどんどん自分の思いを

書き表していきます。実際、子どもたちからは、

・自分の人生を決める選択になるかもしれないので、どのような気持ちで男の子との約束を選んだのかが気になる
・私だったら、自分の夢であるマジックショーを選んでいたと思う。どうして自分の夢を大事にしなかったのだろう
・手品師のあの時の判断は、本当に正しかったのだろうか
・どうして最後は、「小さな町の片隅」で手品をしたのだろう
・「男の子」「マジックショー」の二択以外の選択はなかったのだろうか
・テーマにもなっていた、「誠実である」と「誠実でない」にはどのような違いがあるのだろう
・教科書に載っているテーマ「明るく生きる」とどうつながっているのだろう

といった「問い」が生まれていました。こうした「問い」がこれから学習を進めていく際の話題となります。

point

「私はこう考える」という場をつくることで、「伝えたい」「聴きたい」という思いが生まれるようにします。もちろん、自分の考えをうまく表現できない子もいるかもしれません。しかし、こういった子ほど自分でじっくりと向き合う時間が必要になります。いきなり話し合いになってしまえば、何となく誰かの意見に身を委ねてしまいます。「こう考える」「あまりよくわからない」と自分の思いがはっきりとすることで、他者の考えと比べながら自分の考えを更新させていくことができます。

また、こうした時間をつくることによって、一人ひとりがどのようなことを考えているかを把握することができます。

考えの共有から話題が生まれる（5分間）

一人で自分の考えを書き表した後は、周りの友達と考えを聴き合います。例えば、「どんなことが気になった？」「ボクはこんなこと考えたのだけど…」といったことを聴き合います。「問い」を共有していくことで、各グループで話題が生まれて自然と話し合いが始まります。

手品師の最後の行動選択に関しては、自分は「こう考える」というものを強く持っている子が多く、そこからお互いの意見が分かれるような状況が生まれます。

そこで、熱く議論を交わしているグループを見つけて、「どんなことを話し合っていたの？」と聴いてみると…

最後に手品師が「男の子」を選んだことについて、「すごいな」と思う人もいれば、「いやいや、マジックショーに行くべきでしょう」という人もいて、意見が分かれています。

とのことです。この件については、他のグループでも話題になっていたので、全体で意見を聴き合うことにしました。

いきなり学級全体で意見を聴き合うのではなく、まずは自分の立場がどうなのかをはっきりとさせられるようにします。共感する人、疑問を持つ人という立場で、一人ひとりがネームカードを置きました。子どもたちは迷いながらも自分の立ち位置をはっきりとさせていきます。

するると、ある子から「先生、どちらか決められないので、真ん中でもいいですか」と質問されました。もちろん構いません。他にも、「どちらとも言えない」とか、「共感しているのだけど、まだちょっと気になることがある」といった思いを持つ子がいます。こうなると、単なる「共感」「疑問」の二項対立ではなくなります。

point

「私はこう考える」と、まず一人ひとりが自分の思いを発散することによってすっきりとします。グループで盛り上がるような話題は、全体でも話題になっていくことが多いです。

ただ、どんな「問い」を選んでもいいわけではなく、その「問い」を解決していく過程で、他の「問い」も解決していくものがいいでしょう。今回、話題になった「手品師の行動選択について」は、「どうして最後は、『小さな町の片隅』で手品をしたのだろう」「教科書に載っているテーマ『明るく生きる』とどうつながっているのだろう」にも関わります。話題を絞りすぎるとそのことしか考えられませんが、大きな話題だとそこから様々な観点で絞っていくことができます。

今回のように、あるグループに「どんなことが話題になっていたの」とたずねて、そこから全体に広げていくと、子どもたちは「先生から急に与えられた『問い』」とは感じなくなります。

聴き合うことでさらに「問い」が生まれる（25分）

はじめは、子どもたちはそれぞれの立場による意見を出し合います。

共感的にとらえる子

・「たった一人のお客様の前…」のところで満足していて、夢もあきらめていない
・たくさんのお客さんの笑顔も大切だけど、一人の男の子の笑顔も大切
・「男の子を裏切った」という思いのまま生きるのはしんどい

疑問的にとらえる子
・自分一人で考えずに、友人にも相談してみればよかったのではないか
・夢をかなえるために行動することは、別に悪いことでは無いと思う
・手品師は、自分の夢に嘘をついていることにはならないか

といった意見を出していきます。それぞれ「共感」「疑問」と言い合っているだけでなく、この全体の話についての捉え方も伝えようとします。話題は、「手品師の行動選択に共感するか、疑問を抱くか」ですが、そこから子どもたちの見方が共有されていきます。

子どもたちは、お互いに意見を聴き合いながら、どんどんネームカードをはる場所を変えます。こうして友達の意見を聴きながら自分の考えが変わっていくことが可視化されます。全体で話し合うだけでなく、適宜グループで話し合う場面をつくることによって、今はどんなことを考えているかを表出しながら、また考えていくことができます。

ネームカードをはる場所が変わるということは、聴き合いを通して子どもたちの考えが変わったということです。自分の考えが変わったのには、必ずきっかけがあるはずです。そこで子どもたちにどうして変わったのということをたずねます。例えば…

男の子を裏切ったらだめだから、手品師の行動は良かったと思っていたけど、「自分の夢を裏切ることになる」という意見を聴いて、「確かにそうだな」と思って迷ってきた。

また、こうした聴き合いが続く中で、子どもたちの中から、「男の子との約束を取る」「マジックショーに行く」以外の第3案も出てきます。「もっとこうすれば本当は良かったのではないか」という考えです。共感や疑問の間に揺らいでいた子からこうした考えが出てきました。

さらに終盤になり、「誠実である」ということが話題になってくると、ある子から「問い」が出てきました。それは、

みんなの意見を聴いていて思ったんだけど、もし「誠実である」ということが損も得もするということであれば、違いがよく分からなくなってしまいます。自分に嘘をつかないというのが誠実であるということなのであれば、手品師はどちらを選んでも

誠実でないということになってしまう。それは、男の子の方に行ったら、今まで手品師が目指していたことに嘘をつく形になってしまうし、大劇場に行ったら、男の子との約束を破ってしまうことになる。だから、その違いが何なのかが気になります。

…というものです。こんなことを考えていなかった子も多く、一瞬授業が止まりかけました。私も「何を言おうかな…」と思っていると、子どもたちが自然と近くの子と話し出しました。そこで、全体で話を聴くのではなく、こうした子どもたちの姿を見守ることにしました。子どもたちから、聞こえてきたのは…

・人によって誠実のレベルみたいものが変わってくるのではないかなぁ。誰かが「あの人は誠実だ」「あの人は誠実でない」と決めるものではないような気がする。
・誠実というのは自分で言うものではなくて、他の人が言うことだと思う。損得で選ぶのではなく、その人の生き方として「誠実だな」と思うかどうかじゃないかなぁ。
・誠実って大切だけど、もちろんそれで損することもある。そこをどうやってカバーしていくかが大切なんじゃないかなぁ。

・生活的には損なのかもしれないけど、男の子を喜ばせるのは得。ただ、損とか得とかでは無くて、やっぱり自分の心に正直に生きるかだと思う。今の手品師はそっちを選ぶのが自分の心に正直だったんだと思う。
・最後に男の子の前で手品をしている時に、手品師がどんな気持ちだったのかが気になる。ここで、気持ちよくやっているのならいいんじゃないかなぁと思う。

「共感する」「疑問に思う」「誠実である」「誠実でない」「損である」「得である」といった二項対立で終わるのではなく、子どもたちはそこの間で揺れ動きながら自分の考えや価値観を更新させていきます。また、手品師に寄り添ったり、自分につなげたり…と、たえず資料と「自分」を行ったり来たりしました。

point

お互いの考えを聴き合っていると、やはりどこかで新たな「問い」が生まれます。こうした「問い」が表に出やすい環境をつくっておくことで、先生から発問をしなくても、自分たちで話題を絞っていくことができます。

子どもたちが気になることは、学習の中で大事になってくることとつながってきます。子どもたちにとって本当に気になることは、勝手に子どもたち同士の中で響き合います。今回の授業でも、最後に子どもから出てきた「問い」をもとに、自然と子どもたち同士が話し合い出したことが物語っています。こうした「問い」が響き合う場を大切にしたいです。

自分の生活につなげる（7分）

最後に、子どもたちは自分の考えたことをふり返りました。紹介します。

私は今回の授業で、あの手品師は「正しい選択をしたなぁ」という考えが強まったし、逆に少しモヤモヤしているところもあります。なぜ私がそのように考えるかというと、多分この手品師の選択は、「どちらの選択をしても誠実」というのが今の私の考えなのだけれど、本来の手品師の仕事というものは、「だれかを楽しませて、喜んでもらい、たくさんの人の笑顔をつくること」。そう考えると、どちらを選びどちらを捨てたとしても、必ず悲しい人はいるし、必ず笑顔になる人もいます。その中でこの手品師に大切になってくるのは、「自分がその立場になった時」を考えることだと私は思います。なぜ私がそう思うかというと、手品師の売れる売れないには、「どれだけ心のこもった手品になるか」であって、より心のこもった手品ほど、観客は楽しむことができます。なので、「自分が本当にしたい手品はどっち？」と手品師自身が考えることによって、より心のこもった手品になり、より面白い手品になると考えます。ただ、私はもう少しこのようなことについて考えたいと思います。

point

最後に自分でふり返る時間を持つことによって、自分の考えの変化や理解が深まったことについてメタ認知できるようになります。そこで「問い」が残ることによって、日常生活でも考え続けられるようになります。

子どもたちが日常生活で、今回考えたことを活かしているような場面を見つけたら、すかさず本人にフィードバックします。また、全体に広げてもいいような場合は、全体に向けてフィードバックすることによって、道徳の学習と日常生活のつながりについて意識できるようになります。こうすることで、道徳を学習する目的をさらに大事にしていけるようになります。

実況中継

3 社会

時数 7時間　学年 6年

教材 「世界の未来と日本の役割」

「問い」を持つ（本単元以前）

この学習は下図のように、社会科だけでなく、他教科の様々な学習が重なっています。三学期にいきなり海外について目を向けるのは難しいです。そこで、四月から学習してきたことがつながるように場をつくります。

各教科で学習を積み重ねていくと、自然と「世界ではどんな問題が起きているのか」「どのように解決していこうとしているのか」ということが「問い」として生まれます。おそらく、日頃から個人、学級、学校の問題解決について考えているので、学習がつながってきているのでしょう。

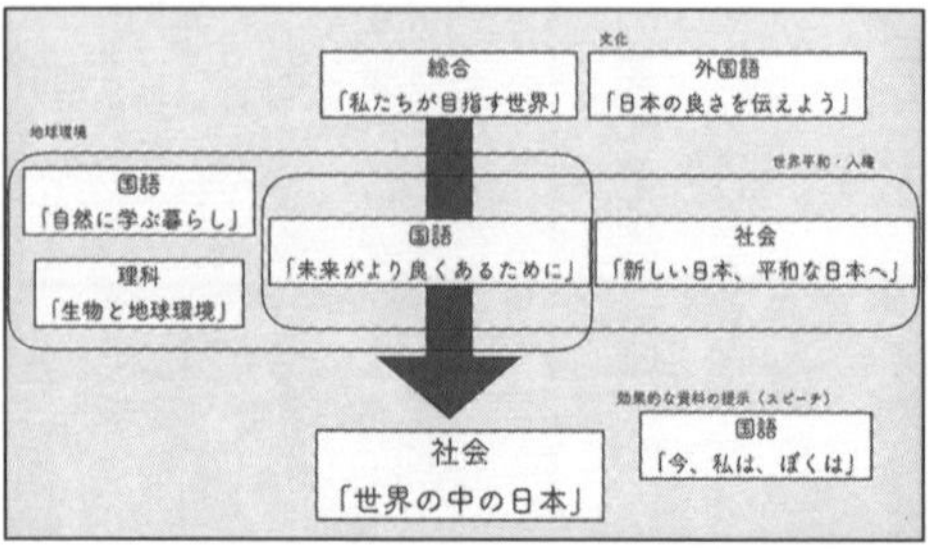

point

四月の段階で、各教科のつながりを考えておくことによって、生まれた「問い」がそれぞれつながるようにします。その単元でいきなり「問い」が生まれることは簡単ではありません。だからこそ、「問い」が生まれる土台を徐々につくっておきます。

自分でテーマを決めて追究する（1時間目）

「どんな問題が起こっているのか」「どのように解決しようとしているのか」ということについて考えるために、ＳＤＧｓについて紹介しました。ＳＤＧｓとは、「二〇〇一年に策定されたミレニアム開発目標（ＭＤＧｓ）の後継として、二〇一五年九月の国連サミットで採択された『持続可能な開発のための２０３０アジェンダ』にて記載された二〇三〇年までに持続可能でよりよい世界を目指す国際目標」です。教科書でもその内容が少し紹介されています。

子どもたちは自分が気になった国際的な問題と、ＳＤＧｓの項目をつなげていきます。その中で、どの解決について考えていきたいかを選びました。
ある子の思いを紹介します。

今日から社会で、環境問題について考えることを始めた。このごろボクはこの問題について考えることが多くなっている。理科でも「生物と環境」でやっているし、国語のスピーチでも地球温暖化についてやっているし、今回の社会でも、ＳＤＧｓをもとにやっているから、結構身近に考えることができているのだと思って、知識も結構増えてきているのだと思う。環境問題というのは、人間がもとだし、人間が今の中で一番考えなければいけないものなのだと思って、一番人間が何もしていない動物たちに害を与えてしまっているから、ボクは、そこを無くすために、解決策をできるだけはやく考えていきたい。

このように、一人ひとりにこうした「解決に向けての思い」があります。だからこそどんどん自分で考えていこうと思いを持ち、分からないことがあれば調べようとします。

「世界の中の日本」の単元で学習すべき内容（国際連合やＮＧＯなどのはたらき、環境問題など）については、各教科での学習やスピーチ学習の際に、一学期から少しずつ学習しました。しかし、今回、問題の解決方法を考えていく中で、改めて現在の問題や各機関の関わりについて理解しようとしていきました。

point

まずは、一人ひとりの思いを大事にします。「解決したい」「現在はどうなっているのだろう」という思いがなければ、世界の問題はどうしても他人事で終わってしまいます。核問題に対する知識を覚えればよいのではありません。自分事になっていくほど、そのことについて理解していこうとします。

グループで解決方法を考える（2～3時間目）

次に、同じようなことを解決したいと考えている子が集まって、共に解決方法を考えます。「こうすれば解決する」ということを寄せ合って、より良い解決方法について考えます。

子どもたちは、実際に解決について考えていく中で大きな壁にぶち当たります。「世界中でも多くの問題解決について考えられているのに、全然解決していないのはどうしてないのだろうか」「解決はもう難しいのではないのか」といったものです。改めて各機関のはたらきや実際に取り組まれていることについて目を向けたり、現状を調べたりすればするほど、現実的な問題の大きさに気づいたようです。

そこで、『ファクトフルネス』（ハンス・ロスリング著、日経ＢＰ）で紹介されている世界の問題についての情報を見せました。実際に何も解決していないように見えて、実は少しずつ解決に向かっているというものです。そこから、いきなり１００％の解決を目指すのではなく、現在50％だとしたら51％につな

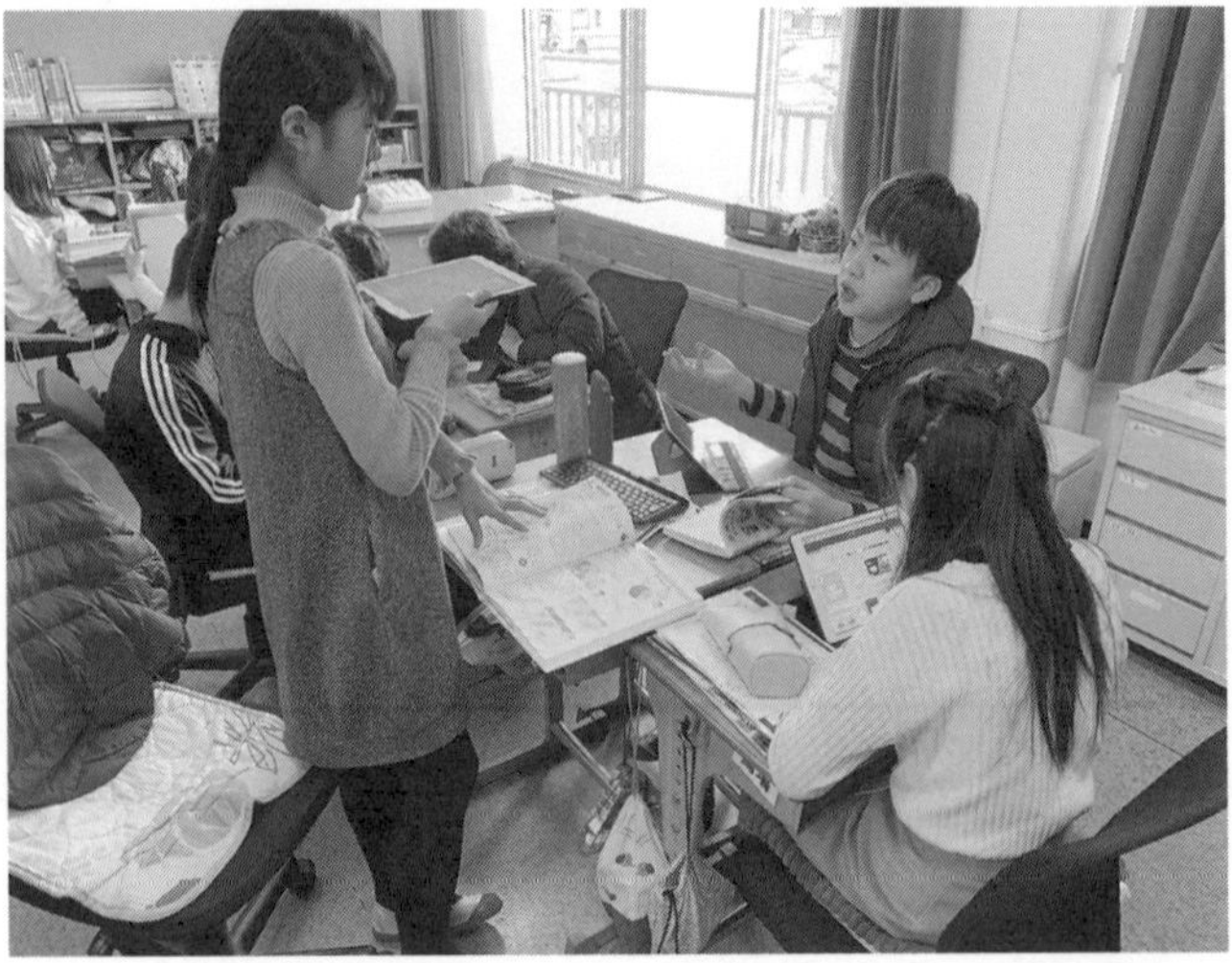

がるような解決について考えていくようになりました。解決方法についても、「何となく分かった風」に壮大な解決方法を考えるのではなく、自分たちの生活につなげながら、本当にできることについて目を向けていきます。

グループで解決について考えていますが、自分自身でもたえず解決について考えています。学習を重ねるにつれて、国際的な問題についての視野もどんどん広がっていきます。

ある子の学習時のふり返りを紹介します。

戦争をしたり、核兵器を持っていたりする理由について、「自国のことしか考えていないから」だと思って、そういうのってどうやって解決できるのか難しいなと思っています。戦争をする理由については、「自国がとても貧しいため、自国が滅びないために戦争をする」という気もしてきたんだけど、それで攻撃された国が「戦争したくない」という国だったらすごい迷惑だし、自国の中にも戦争反対の人もいると思うけど、それでも戦争をするっていうのは、表向きは自国のためだけど、結局は自分のための行動なのでは無いのかとも思います。だから、これを解決するということはすごく難しい問題だけど、でも私たち一人ひとりもふくめて、本当に考えていかなければばならないことなのだなと改めて思いました。

解決方法についてグループで考えを聴き合う中で、世界を見る視野がどんどん広がっていることが分かります。これらは一人ひとりに違いが見られます。だからこそ、お互いに考えを聴き合うことによって、考えられることが増えていきます。グループで解決方法を考えていくだけでなく、こうした子どもたちのふり返りも共有していきます。

point

グループで解決策を考えることによって、自分の偏った見方を広げていくことができます。世界に関することは、子どもたちにとってまだよく分からないことが非常に多いです。だからこそ、自分一人だけで突き進むと、混乱することも出てくるでしょう。しかし、手に入れた情報もお互いに比べることによって、より確かな情報をもとに考えていくことができます。子どもたち同士でも、それは十分に可能です。

ただ、「グループで解決策を考えて終わり」だと、「何となく」で授業が終わってしまいます。たえず、「ふり返る」「一人で考える」時間を設けることによって、自分自身がどのように考えるかを大切にしていくことができます。「解決策を考えられて良かったね」で終わるのではなく、その子自身の世界の問題に対する見方が広がり、考えが深まっていくことを支える場をつくります。一人ひとりの学びの変化を見取っていくこともできます。

違うグループと考えを聴き合いながら最適解を更新させる（4〜6時間目）

自分のグループでずっと考えていくのではなく、他のグループとお互いの考えを聴き合います。（４人組）「こうすれば解決するのでは」といったものは、自分のグループで考えているだけでは分かりません。他のグループと考えを聴き合いながら、より良い解決方法について考えていきます。

国際的な問題は、それぞれ個別の問題ではありません。お互いの実はそれぞれの問題が大きくつながっています。お互いのグループで考えを聴き合うことによって、こうしたことにも気づいていきます。国際的な問題について、多面的、多

提案による効果
今ゴミ問題への関心が低い
ゴミ問題を他人事にし、結局取り組みに取り組まない人がいる。
→ゴミ問題への関心を高める必要がある→そのために情報を確認する
ゴミ問題を自分事にする
ゴミ問題を考える事ができる
ゴミ問題に関心があまりない人
取り組みを積極的に行ってない人
44%→約半分
関心度
6−1
取り組み度

角的に捉えていこうとします。

写真のように、ごみ問題について考えていたグループは、「まず自分たちの意識から変えていくことの必要性」について訴えていました。何となく、きれい事でこうしたことを言っているのではありません。「結局はここから始まるのだ」ということに試行錯誤しながらたどり着きました。

お互いに考えを聴き合った後の、ある子のふり返りを紹介します。


ぼくが今回考えた事は、世界の問題というのはまだまだ深刻だなというふうに思った。なぜなら、ぼくの考えた貧困もだいぶやばいなという風に思っていたけれども、戦争や差別などもそれと同じくらいに直していかないといけないことがあるなと思う。しかも、ぼくが今回学習したことはこれだけではなくて、身近な日本の問題も危機に陥っているということが分かったし、日本も先進国と言っているかもしれないけど、働く場所の問題や子どもたちの自由の問題など、一人ひとり抱えている問題も違うということで、一つ一つの国がたくさんの問題を抱えているんだということを実感した。だから、ぼくが行動することによって、それを知った人も行動していくわけだから、ぼくはこの現状をたくさんの人に伝えたいなと思う。だから、もう少し、たくさんのグループの課題と自分のグループの課題を伝えたいなと思う。

このように、お互いが本気で調べたことや考えたことを聴き合っているので、そこからさらに感じられることや考えられることが増えていきます。また、「知って終わり」ではなく、「自分のできること」にも目を向けようとします。

point

それぞれが違う問題について考えている子同士が集まって四人組をつくっています。そこでは、自分のグループで考えたことについて、一人で話さなければいけません。だからこそ、事前に自分のグループで考えを聴き合う際に、「誰かに任せる」ということができません。一人ひとりがさらに自分事になって学習に取り組むことができます。

お互いの考えを聴き合う際には、ほとんど先生が出る場面はありません。子どもたち同士でどんどん学び合っていきます。ただし、事前に「誰と誰を一緒のグループにしたらお互いの視野が広がるだろう」ということを考えてグループ分けをしています。

また、今回考えを聴き合ったことをもとにして、自分のグループで再度考えを聴き合います。

一人ひとりが新たな視点を獲得してきているため、お互いの議論は更に熱のこもったものになります。一人ひとりに思いがあるからこそ、子どもたち同士でどんどん勝手に学び合います。

学習したことを日常につなげる（7時間目）

「学習して終わり」ではなく、最終的には自分たちが考えたことを動画やポスターなどで発信しました。（他教科での学習と重ねて）「誰かに伝える」ということを通して、自分たちが学んだことを整理しました。

今後、中学校や高校の社会科でも国際的な問題について学びます。また社会で日々こうしたニュースにも出会うでしょう。「知識が増えれば増えるほど、解決に向けての最適解が更新される」ということを学んだ子どもたちは、今後も自分（たち）の最適解を更新させていくでしょう。学習することの目的についても、改めて理解することができたと思います。

実際にこの学習をおこなった子どもたちはもう卒業していますが、中学校になってもこうした問題について私に話しかけてくれたり、ＳＤＧｓのフォーラムに親子で出かけて学んだり…と、ずっと学び続ける子も出てきています。
また、「日常につなげること」はどんどん自然になっていきます。日々の生活のふり返り時にも、今回考えた国際的な問題とつなげて考えている子も出てきます。最後にその子のふり返りを紹介します。

今日のようなことがあったから、まあ考えることは多かったけど、こういうメカニズムで起こるんだなぁということがよくわかった気がする。ちょっとした考えのすれ違いとか、中立国の発言、中立国があることによって、色々と気まずい空気になるのもわかった。また、なぜか話し合い（国交）→ケンカ（戦争）になるのも、相手の気に入らないところとかをいちいち指摘して、それについて反論、それで泥沼化していくのも、目の前でやられたことによってよくわかった気がする。でも、もしこういうことが全く無かったら「どうぞどうぞ」「いえ、どうぞ」とかなっていくので、それはそれで困る。（中略）感情を入れて国交をしたら酷いことになる。言い換えるならば「私情を政治に持ち込むな」とかよく言われている。だが、昨日の私のように私情を入れてしまったり、今日の二人の言い合いのように致し方ない、もし片方ができたとしても、中立国がちゃんとしていてもそうでなくても、ついついケンカ（国交の摩擦・戦争）をしてしまうということは脳裏に焼き付いた。だから話し合いも国交も、大変だなあ、でもそれで終わらせていいのだろうか、ということを思った。

第4章

「教師のいらない授業」に取り組むために

子どもたちにきいてみよう

Section1

授業でも学級経営でも、「どうしよう?」と悩んだ時には、いつも子どもたちにきいたり、子どもたちの姿から考えたりするようにしています。なぜなら、結局大事なことは全て子どもたちが持っているからです。大人の頭でごちゃごちゃ考えすぎるよりも、子どもたちのありのままの姿から考える方が、より自然な学びの場を考えていくことができます。

今回、四年生として一年間の学習を終えようとしている子どもたちに、7つのテーマについてきいてみました。子どもたちは一年間の学習をふり返りながら、自分たちの成長を見つめ直していました。次頁からのQ1~7に対する答えは、子どもたちが試行錯誤しながら、五、六人組で一つの文章に整理したものです。

「どうしてできるようになってきたの?」という問いに対する子どもたちの答えには、それぞれ私たち大人が大事にすべきヒントがかくれています。私もこれからさらに大切にしていきたいことが見つかりました。

Q1 ハテナを大切にして、深く学べるようになったのはどうして？

私たちは、ハテナを大切にして、物語文や説明文を読み深めて学んでいます。私たちが一年間でこういったことができるようになったのは、ハテナを持って考えることが楽しくなったのと、話し合いをするとハテナがどんどんふくらむからで、そこからハテナを大切にして学んでいくようになりました。

ハテナを考えて、ハテナを解決するためには、文章から根拠を探すことになります。自然に文章を読むことになります。そうすることによって、文章を理解して読み深められるようになります。分かりやすくすると、「ハテナがある↓不思議に思う↓ハテナの根拠を探す↓たくさん読む↓文章を理解していく＝自然に読み深まる」ということです。

他にも大切にしていることがあります。それはハテナを深めて話し合い、自分が納得した人の意見も取り入れ、ちがう意見の人と、議論をするということです。

このように、私たちが大切にしていることは、自分の意見の根拠を文章中から探すということ、そして、たくさんの人と議論をして、人の意見を取り入れ、意見の違う人を納得させるということです。でも、そこで自分の妄想を根拠にすることはできません。

Q2 ペアやグループで、自分たちで話し合って学べるようになったのはどうして？

　自分の意見を言ったり、相手からアドバイスしてもらったりして、より良い意見を見つけられるようになったからです。なぜなら、相手にアドバイスしてもらうことによって、自分の伝わっていないところを見つけて伝わるような文章をつくれるようになり、話し合いが深くより分かりやすいものになったので、グループでの話し合いがうまくできるようになったと思います。

　もう一つの理由は、意見の共有によってみんなで議論し合うことを大切にすることができるようになったからです。その理由は、みんなの意見をうまくまとめて、一つの意見にしぼる力がついたからだと思います。そのおかげで、みんなの意見を共有し合ったり、協力したりする大切さを知れたから、自分たちで気になった意見をもとにどんどん改善していく、ということが大切だということに気づきました。

　また、問いかけをしていって、そこからさらに深めていくということや、「なぜこう思うのか」「根拠は」…と、相手の人に質問していくということが大切だということに気づきました。

Q3 自分（たち）で学ぶ目的を持てるようになったのはどうして？

好きなことからじょじょに算数や国語とかの他のものにつなげて勉強していくと楽しく、自分で他の苦手な科目も好きなことにつなげて学ぶことができるようになったからです。

例えば、音楽が好きで算数が苦手な人がいたら、音楽のリズムを考える時に、何分の何拍子でやるとかを考えるときに分数を使うから、音楽をやっていくうちに算数が得意になっていくし、音楽と国語をつなげたら、作曲する時とかに、いろいろな言葉を知っていると、いろんな曲の意味とかも分かるし、他にも詩をつくる時とかも国語が得意になっていって、学ぶ目的を見つけることができたので、そうやって見つけていきます。

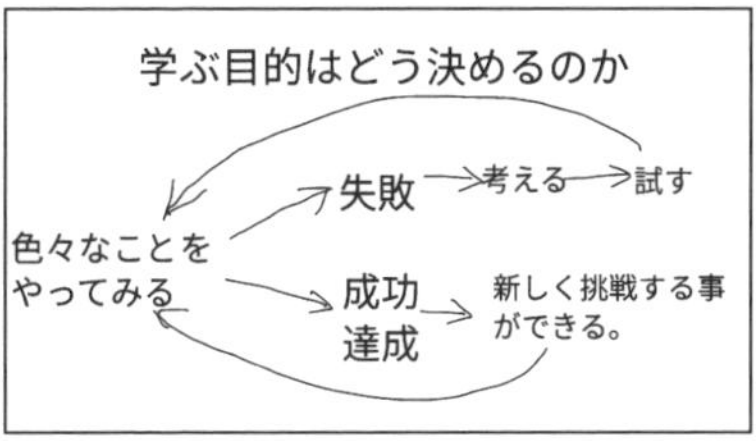

時には失敗することだってあるし、たくさん考える時もあるけれど、いろいろなことを考えたら学習の目的をすぐに見つけられると思います。「目的」とは、何かを達成する時のゴールだと思います。ゴールがなければ何をすればいいか分からないし、自分から行動を起こそうとしないから、何かを失敗や達成するためにあると思います。

Q4

お互いの考えを聴きながら深く学べるようになったのはどうして？

先生がメインになっているということが四月頃で、だんだんみんながハテナに興味を持つにつれ、自分たちでの議論も深まっていきました。その理由は、その不思議に思ったことから気づいたことや、そこから考えるハテナが新しく出てきて、そこから元々のものがだんだん広がっていって面白くて、話し合いが聴き合いになったんだと思います。

また、人の意見を大切にして、そこから自分の思ったことを付け足して、「おかしいな」と他の人の意見に思ったことは反論するということが日々積み重なっていってこのような聴き合いの形になったんだと思います。

四月の初めは、話し合うのが一分も持たなかったけど、十月くらいになると、勝手に二十分以上話していたので、議論をつみかさねていったその経験で議論の時間がのびたと思います。ただの「話し合い」だと、一部の意見しか聴けないけれど、みんなが意見を話して、話し合ったり、他の人の意見を聴いたりする「聴き合い」の方が結論の理由も濃いし、より深い結論になったんじゃないかなと思います。よい結論になったら、次につなげていくこともできます。

Q5 ふり返りを大切にして、自分の成長につなげられるようになったのはどうして？

ふり返りをした時に、その授業のあまり良くなかったところや良かったところを次に活かしていけるし、自分がした行動で、「この行動はだめだったな」「これは良い行動だった！」というのがあったら、次どうすればよいかを考えることができるからです。そして、自分の頭の中でややこしく考えるよりも、文章にした方がふり返りをすることができます。

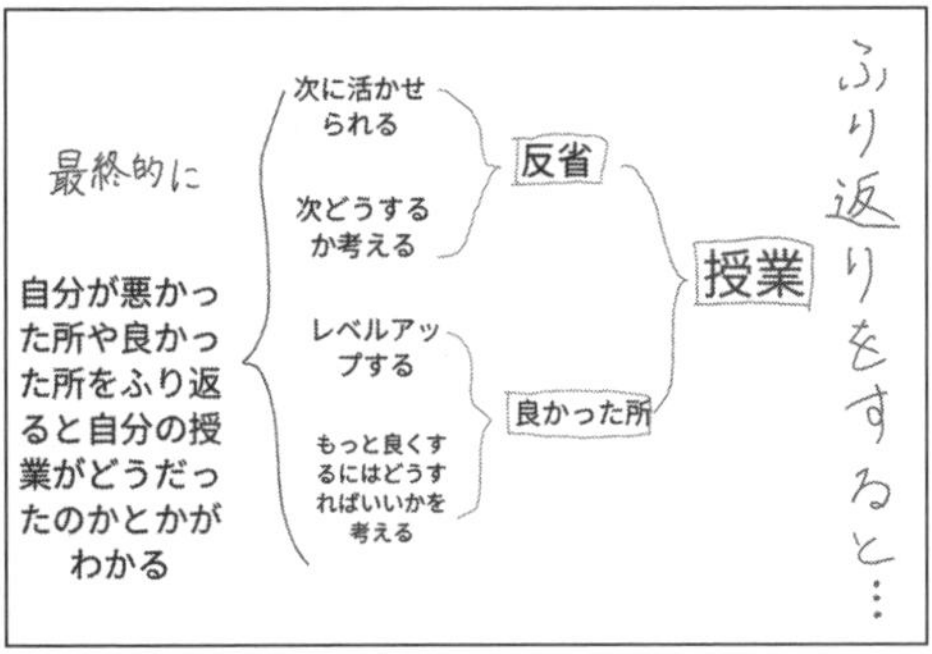
ふり返りをすると…
授業
反省
良かった所
次に活かせられる
次どうするか考える
レベルアップする
もっと良くするにはどうすればいいかを考える
最終的に
自分が悪かった所や良かった所をふり返ると自分の授業がどうだったのかとかがわかる

ふり返りは、自分をふり返る時に使う、便利なアイテムだと思います。ふり返りをすることで、毎日がどんどん良くなっていきます。だから、毎日をよくしていくのに向いていると思います。何も考えずにやっても意味はありません。最初はできなくても、自分なりに工夫をして、一日のことをきちんと思い出すことで、より良いふり返りになると思います。そして、「何のためにふり返りをするのか」を考えたら、より良いふり返りが書けるようになりました。

Q6

タブレットPCを活用して深く学べるようになったのはどうして？

　タブレットPCでしかできない整理の仕方やまとめ方ができることで、新しいまとめ方や整理の仕方が生まれてきて、整理をすることでより深く学べるようになります。そして、ハテナの解決などにもつながります。

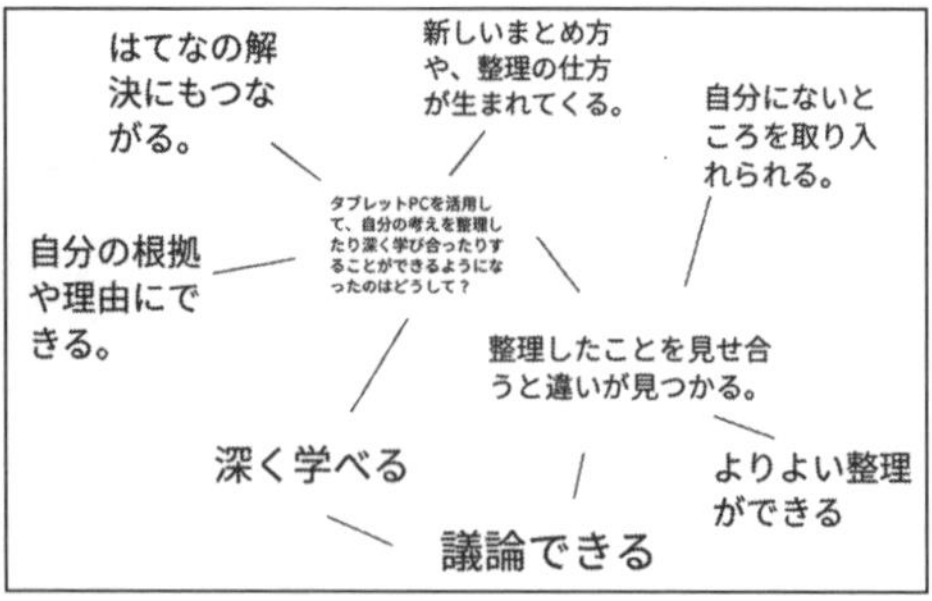
はてなの解決にもつながる。

新しいまとめ方や、整理の仕方が生まれてくる。

自分にないところを取り入れられる。

タブレットPCを活用して、自分の考えを整理したり深く学び合ったりすることができるようになったのはどうして？

自分の根拠や理由にできる。

整理したことを見せ合うと違いが見つかる。

深く学べる
よりよい整理ができる
議論できる

　また、話し合う時に整理したものを見せると、自分の根拠や理由にできます。このようなメリットがあるので、タブレットPCで整理するようにしています。整理したものを見せ合い、それぞれ比べると違いがあって、その違いについて話し合ったり、議論したりして自分にないところを取り入れて、より良い整理ができます。それをまた比べると、違いができて、新しいハテナができたり、またいろんな議論ができたりします。

　このような感じで、タブレットPCを活用して、自分の考えを整理したり、深く学び合ったりできるようになりました。

Q7 どんな先生だとうれしい？（全員に聞いてみました）

・先生が笑顔だと安心するから、笑顔でいてほしい。
・よくわからないことが出てきたら、一緒に考えてほしい。
・先生が今どんなことにハテナを持っているのかを教えてほしい。
・道徳や国語とかの授業の時には、先生がどう考えているのかも知りたい
・すぐに答えっぽいことを言うんじゃなくて、さらに考えるきっかけがほしい。
・本当にわからなくて困ったら、わかりやすく教えてほしい。
・先生が「うまくいかない」ところも見せてほしい。
・自分たちで話し合って考える時間をたくさんとってほしい。
・学級のルールを何でも勝手に決めるのではなくて、一緒に決めてほしい。
・任せっきりにするのではなくて、時には先生のアドバイスもほしい。
・先生が子どもの時にどんなことを考えていたのか教えてほしい。
・チャレンジしていることを応えんしてほしい。
・一緒に楽しいことをたくさんしてほしい。

Section2

実践に取り組むためのQ&A

この本は、いわゆるハウツー本ではありません。だから、一度読んだだけではよく分からないこともあるかと思います。「何から取り組めばいいのだろう」「どういうことを大事にしたらいいのだろう」と気になることが出てくるでしょう。

また、本を読んで、せっかく「自分もやってみよう」と思ったのに、イメージしていた通りにいかないことも出てくるのが当然です。だからといって、すぐに取り組みをやめてしまうのは本当にもったいないことです。

ここでは、これまで私が担任をしている学級に参観に来られた先生や、セミナーで私の話を聴いてくださった先生からよく受ける質問の一部を紹介します。皆さんが実践に取り組む際のヒントになればいいなと思います。

もしかすると、このQ&Aを読むことによって、また新たな「問い」が生まれるかもしれません。その際は、ぜひ一緒に悩ませてください。いつでも私（shu60515@yahoo.co.jp）にご連絡ください。よろしくお願い致します。

Q1 どのように教材研究をすればよいですか？

基本的なことですが、やはり教材、学習材にじっくりと向き合います。教科書に載っている内容に関することはもちろん、そこからどんどん自分の考えを掘り下げていきます。「問い」が生まれたら、簡単にＷｅｂで調べるだけでなく、本を読んだり実際に体験したりすることもいいでしょう。また、他の先生がどのように授業を行ったのかを聴くと、実際の子どもたちの反応を知ることもできるので参考になります。

さらに、学習指導要領（解説）に書かれていることを読み、「大事なポイントは何か」「他学年での学習と系統的にどのようにつながっているか」ということも確認します。学習指導要領（解説）はじっくり読むと面白いです。どうすれば良いか分からず、困ってしまったら、ここに立ち返るのが一番だと思います。

こうしたことを積み重ねながら、「なぜこの子たちが今、これを学ぶのか」といった内容的価値について考えられるようにします。そこから、この教材に子どもたちが出会った時にどのような反応するのかなということをイメージします。そうすると、もっと必要な情報が集められたり、教材の価値について改めて考えられたりします。

Q2 まず何から始めればよいですか？

まずは、子どもたちの「問い」がたくさん出るようにすることから始めたらいいと思います。「問い」は子どもたちの学びのエンジンになります。子どもたちが「学習は自分たちから始まるんだ」「『問い』をもとに考えていくと楽しい」という実感が持てるように支援していきます。

はじめは自分たちで学習を組み立てることは無理かもしれません。ただ、子どもたちの「問い」を先生が活かしていくことで、子どもたちにも「『問い』を大事にしよう」という意識が芽生えます。受け身だった学習が少しずつ主体的になっていきます。「話したい」「聴きたい」もここから生まれるでしょう。

そのためにも、子どもたちから「問い」を出させたのであれば、しっかりと子どもたちの「問い」を受け止めることが必要になります。「問い」を出したのにもかかわらず、結局は先生の考えたことを考える授業になってしまっていては面白くありません。子どもたちも、「やっぱりな…」と、「問い」を出す意味を見失います。子どもたちの「問い」を受け止め、共に考えることを楽しむ気持ちを大事にしたいです。

Q3 保護者は不安に感じませんか？

これまでの学校のように、「先生がきちんと教えてくれる」ということを求める保護者の方が多いと思います。もちろんそれはすごく自然なことで、否定されるべきではありません。なぜなら保護者の皆さんもそうやって学んできたからです。だからこそ保護者の皆さんと話す時間を多く取ります。

学級懇談会ではその目的についてきちんと話します。また、学級通信を出して、子どもたちの日々学習の様子を伝えられるようにしています。子どもたちが変化したことを感じてもらえれば少しずつ納得できることも増えてくるのだと思います。

「こうした学習が大事なのだから分かってください」というスタンスではきっと理解を得ることは難しいでしょう。そこで、保護者の方が不安に感じることが出てくるということを理解しておくと、寄り添っていくことができます。「子どもたちの成長を共に支える」という意識を持って、保護者の方の意見を受け止めていくことで「どうすれば子どもたちにとってより良い学習ができるか」ということを更に考えていくことができます。どんな学習でも不安は尽きません。だから、共に考え続けたいと思っています。

Q4 時間内に終わりますか？

「子どもたちに任せていくとダラダラと時間が流れていくのではないか」と心配されると思います。しかし、きちんと単元の予定時間内に終わります。なぜなら、子どもたちがインプットとアウトプットのくり返しを何度も行いながら、どんどん理解を早めていくからです。もしかすると全体で一斉に教えているよりも効率が良いかもしれません。

一斉指導で授業を行い、キレイに時間通りに終わったからといって、「本当に子どもたち全員が学べている」とは言えません。「教えている」というアリバイはつくれても、実際の理解については懐疑的なところも多いでしょう。そこで、子どもたち一人ひとりの学びを見たときに、お互いに関わり合って、流動的に学び合える環境の方がより良く、深く学ぶことができます。

また、カリキュラム・マネジメントを行い、学習と学習のつながりを持たせることによって、時間をうまく使うこともできます。一時間ごとにぶつ切りの学習ではなく、教科をまたいで学習をデザインすることによって、時間に余裕を持って学習することができます。何よりも、子どもたち自身が学習のつながりを意識することができます。

Q5 きちんと学力は定着しますか？

どのような学力のことを示しているかは分かりませんが、きっとテストの点数のことを心配されているのだと思います。「話す力」や「考える力」等が大事だと言われていても、やはりテストの点数も気になると思います。

子どもたちが少しずつ学習の目的を考えていくことによって、受け身で短期的に覚えていく学習ではなく、主体的に理解しながら進めていく学習になっていきます。暗記したことはすぐに忘れてしまいますが、理解したことは定着しやすくなります。

もちろん、人間なのでそれでも忘れることはあります。しかし、「問い」を持って物事の本質を理解しながら学習を進めてきたので、また思い出すのも早くなります。例えば、算数の公式を覚えるのは簡単ですが、忘れるのも早いです。ただ、きちんとその仕組みを理解しておけば、公式を自分で導き出すことも可能です。

また、基本的な学習の仕組みとして、一度きりのテストで終わらせるのではなく、間違えたら何度でも学び続けることを大切にしたいものです。定着するまで、頑張り続けられるように支えていきたいと思っています。

Q6

学力的にしんどい子にはどう支援しますか？

学力的にしんどい子は、一斉指導での支援の方が難しいと思います。なぜならどんどん全体の中に埋没していくからです。わからないことも「わからない」と言いにくいまま時間だけが過ぎていってしまいます。

子どもたち同士での関わりが多くなると、そこで互いに支え合うことが増えていきます。「分からない」ことに対して、先生からの言葉がけよりも、同じ学習をしている仲間の言葉の方が理解につながりやすくなる場合が多いです。

もちろん、全て支え合えるわけではないので、先生も声かけや個別指導等の支援をしていきます。直接支援することもあれば、子どもと子どもをつなぎながら理解できるような場をつくっていくこともあります。しんどい子がつまずいている部分は、他の子も「わかったつもり」になっていることが多いので、学級全体で考えていく場面もつくります。

ただし、どう頑張ってもテストの点数で思うような結果が出ないこともあるかもしれません。しかし、「周りと比べてダメだ」と嘆いてしまうのではなく、「さらに学んでいこう」と挑戦する姿を支えられるようにしたいと思っています。

Q7 先生の思っていた方向性と子どもたちの動きが大きくズレた時はどうしますか？

そもそも「先生の思っていた方向性」というものはどこまでの枠組みかにもよると思います。もしに「思っている正解にたどりついてほしい」というのであれば、直接そういった質問をする方が早いでしょう。

まずは、子どもたち一人ひとりがどのように考えているかをしっかりと見取ります。そうすることで誰の言葉、どんな言葉で子どもたちの思考がさらに深まっていくかを考えることができます。子どもたちがどんどんズレていくのは、その学習において大事な視点にまだ多くの子が気づけていないからです。ただ、学級の中には大事な視点に気づいている子もいます。そこで、その子にしかない視点を自然と全体に表出できるようにします。

決して、正解を求めるのではありません。その子の持っている視点を他の子が受け止められるようにします。そうすることで、一人ひとりが自分の視点を広げていくことができ、物事に対する捉え方が変わっていきます。

事前に「こうズレるかもしれない」ということをできるだけ予測しておくことが肝心です。そうすることで、想定外が想定内に変わっていきます。

参考文献

石井順治『教師の話し方・聴き方　ことばが届く、つながりが生まれる』ぎょうせい、二〇一〇年
今井鑑三『子どもが生きているか』今井鑑三遺稿集編集委員会、一九九三年
岩瀬直樹・ちょんせいこ『信頼ベースのクラスをつくる　よくわかる学級ファシリテーション③　授業編』解放出版社、二〇一三年
大村はま『教えるということ』筑摩書房、一九九六年
片山紀子編著、若松俊介『「深い学び」を支える学級はコーチングでつくる』ミネルヴァ書房、二〇一七年
片山紀子・若松俊介『対話を生み出す 授業ファシリテート入門』ジダイ社、二〇一九年
黒上晴夫・小島亜華里・泰山裕『シンキングツール～考えることを教えたい～（短縮版）』NPO法人学習創造フォーラム、二〇一二年（http://ks-lab.net/haruo/thinking_tool/short.pdf)

参考文献

重松鷹泰『個性の見方・育て方』第三文明社、一九九四年
苫野一徳『教育の力』講談社現代新書、二〇一四年
平野朝久『はじめに子どもありき―教育実践の基本―』学芸図書、一九九四年
森山卓郎『日本語の〈書き〉方』岩波ジュニア新書、二〇一三年
エドワード・L・デシ／リチャード・フラスト著、桜井茂男訳『人を伸ばす力　内発と自律のすすめ』新曜社、一九九九年
キャロル・S・ドゥエック著、今西康子訳『「やればできる！」の研究　能力を開花させるマインドセットの力』草思社、二〇〇八年
ジェーン・ネルセン／リン・ロット／H・ステファン・グレン著、会沢信彦訳『クラス会議で子どもが変わる　アドラー心理学でポジティブ学級づくり』コスモスライブラリー、二〇〇〇年
ピーター・M・センゲ他著、リヒテルズ直子訳『学習する学校　子ども・教員・親・地域で未来の学びを創造する』英治出版、二〇一四年
ジェニ・ウィルソン他著、吉田新一郎訳『「考える力」はこうしてつける』新評論、二〇〇四年

おわりに

最後までお読みいただきありがとうございました。今の率直な感想はいかがなものでしょうか。おそらく、「よく分かった」「明日からすぐに使えそう」というものばかりではないと思います。少しモヤモヤが残りながらも、大事にしたいことが読者の皆様の中に一つでも見つかったのであれば何よりです。

私は、現在でも日々悩みまくりです。先日も研究発表会があり、子どもたちとのやり取りで思うところが多くありました。ただし、決してネガティブな悩みではなく、ポジティブな悩みです。「どうすれば子どもたちがよりワクワクするだろう」「どうすれば子どもたちが自然に学んでいけるだろう」と考えることを楽しんでいます。日々子どもたちの姿から学ばせてもらっています。

今回は、「教師のいらない授業」になるまでの過程を三つのステップに分けました。ただ、簡単に三つには分けられないことが、お読みになって分かっていただけたと思います。どうしても重なるところが出てきます。こうやって子どもたちが行ったりきたりしながら、成長していく過程を大切に受け止められればいいなと思っています。

本書の刊行に際して、明治図書出版株式会社および編集担当の大江文武さんには、本書の方向性や文章の書き方など、多くのご助言をいただきました。本当に感謝の気持ちでいっぱいです。

また、京都教育大学附属桃山小学校や前任校、所属している研究会、ＳＮＳ等で関わっていただいた先生方のおかげで、日々自分を見つめ直すことができています。自分ひとりだけではどうしても独りよがりになってしまうところを、新たな視点を入れていただくことで、学ばせていただいています。いつも本当にありがとうございます。

さらに、いつも優しく受け止めてくれる妻と娘に感謝しています。いつも前に進む元気をもらっています。これからもよろしくお願いします。

本書をお読みになった皆さんと、子どもたちのこと、教師の在り方などについて、共に考えていけたらなと思います。どうぞよろしくお願い致します。

二〇二〇年五月

若松　俊介

【著者紹介】

若松　俊介（わかまつ　しゅんすけ）

大阪教育大学小学校教員養成課程教育学コース卒業。大阪府の公立小学校で５年間勤務。現在，京都教育大学附属桃山小学校教諭。「国語教師竹の会」事務局。「授業力＆学級づくり研究会」会員。「子どもが生きる」をテーマに研究，実践を積み重ねている。

主な著書に『「深い学び」を支える学級はコーチングでつくる』（共著，ミネルヴァ書房，2017年）『対話を生み出す　授業ファシリテート入門～話し合いで深い学びを実現～』（共著，ジダイ社，2019年）がある。

お問い合わせ：shu60515@yahoo.co.jp

教師のいらない授業のつくり方

2020年７月初版第１刷刊
2023年１月初版第10刷刊

著　者　若　松　俊　介
発行者　藤　原　光　政
発行所　明治図書出版株式会社
http://www.meijitosho.co.jp
（企画・校正）大江文武
〒114-0023　東京都北区滝野川7-46-1
振替00160-5-151318　電話03(5907)6702
ご注文窓口　電話03(5907)6668

＊検印省略

組版所　株　式　会　社　カ　シ　ヨ

Printed in Japan
ISBN978-4-18-409432-1